lonely planet

口袋指南

京都和大阪

必游景点 · 本地体验 · 轻松出发

Pocket

本书作者
凯特·摩根（Kate Morgan）
丽贝卡·米尔纳（Rebecca Milner）

中国地图出版社

本书特色

轻松计划行程

全方位了解目的地，
助你规划精彩行程

行前参考
贴心提示让旅途更轻松

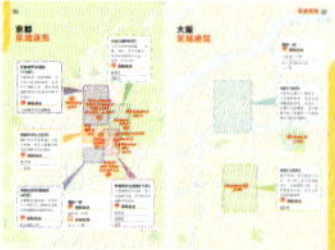

区域速览
精准评价地域特色

探索京都和大阪

分区域介绍
最佳看点和活动

顶级景点
不可错过的精彩

当地生活
体验原汁原味的目的地

生存指南

实用建议
令你上路无忧

当地交通
像本地人一样四通八达

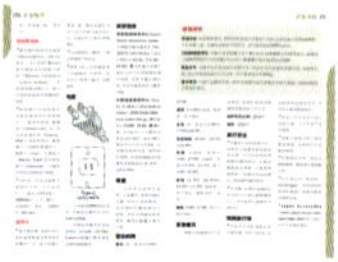

实用信息
包括住宿推荐在内的详尽贴士

特别呈现

多彩榜单助你快速
了解目的地亮点

最佳步行游览
步行游街串巷

京都和大阪最佳
最佳体验

通过下列符号找到该区域的最佳选择：

- 景点和活动
- 就餐
- 饮品
- 娱乐
- 购物

下列符号所代表的都是重要信息：

电话号码	适合家庭
营业时间	允许携带宠物
停车场	公共汽车
禁止吸烟	轮渡
上网	地铁
无线网络	地铁
素食菜品	有轨电车
英语菜单	火车

地图标识助你快速找到需要的信息：

Lonely Planet《京都和大阪》

Lonely Planet口袋指南专为希望轻松深入目的地的你而精心打造。

在书中，你会找到京都和大阪所有的必游景点，独家的建议也会让你的旅程更加难忘。我们将这两座城市划分成几个合理的区域，并通过清晰的地图让你便捷、迅速地找到所有地点。我们的资深作者通过实地调研，为你呈现出本地精华所在，包括徒步、美食、夜生活和购物。若你还想探索更多，我们的“当地生活”章节将为你推荐不为人知的精彩路线，深入体验原汁原味的京都和大阪。

另外，书中的各类实用信息也能令你的旅程更加轻松顺利。短途的游览路线、当地交通，甚至包括在漫长而疲惫的一日游后你需要给服务生多少小费，在这本小书中均有提及。

Lonely Planet《京都和大阪》将是你在旅途中获得美妙体验的保证。

我们的承诺

我们的工作就是让你拥有高品质的旅程。在写作每一版指南之前，孤独星球的作者都会实地考察、亲身体验。请放心，我们一贯实事求是，从不接受他人馈赠而为之宣传。

轻松计划行程 7

探索京都和大阪 39

生存指南 163

特别呈现

值得一游

最佳步行游览

轻松计划行程

欢迎来京都和大阪

京都显然就是古代日本的样子：清幽的寺庙、秀丽的庭园、多彩的神社、美丽的街景和行色隐秘的艺伎。单论美感，满眼灰色混凝土森林的大阪难以与京都相提并论，但这座快节奏的城市遍地都是闪烁的霓虹广告牌，也不缺美味佳肴和热闹的夜生活场所，而且当地人还很有个性。

舞伎（见习艺伎；见86页）

JORDI PRAT PUIG/SHUTTERSTOCK ©

顶级景点

金阁寺 （见108页）

世界上最引人注目的宗教建筑之一。遍体金箔的楼阁倒映在水池中的景象令人永生难忘。

祇园（见80页）

位于鸭川岸边的祇园是京都著名的娱乐和艺伎区。体验这里的最佳方式就是夜间漫步于气氛美妙的街巷，欣赏两旁17世纪的传统餐馆和茶室。

伏见稻荷大社

（见42页）

林木茂盛的山坡上，赤红色的鸟居一眼望不到头，这座位于京都的庞大神社自成天地。

南禅寺（见94页）

位于京都的禅宗寺庙，到处都散发着魅力：优美的枯山水庭院、宏伟的本堂、出色的花园和周围无与伦比的自然风光。

清水寺（见76页）

京都最具人气的寺庙之一，自8世纪起就吸引着大批信众朝圣。漫步于佛堂之间，瞻仰庄严的佛像，再到神社购买一块祈愿的绘马以保佑爱情顺遂。

VASIN SRETHAPHAKDI/SHUTTERSTOCK ©

银阁寺（见96页）

京都著名的银阁寺是一片由池塘、厚厚的青苔、经典日本建筑和婆娑的竹林构成的乐土。

TUPUNGATO/SHUTTERSTOCK ©

锦市场（见54页）

被当地人称为“京都的厨房”，这里是京都的亮点之一，也是见识京都精妙食材的理想场所。

知恩院（见78页）

拥有众多宏伟的建筑和宽敞的庭院，知恩院是京都香火最旺的寺庙，常有宗教活动。

道顿堀（见128页）

极其上镜的道顿堀是大阪夜间最热闹的去处，水面反射着灯箱广告牌的光亮，数十家餐馆的招牌个个不同凡响，引人注目。

二条城（见56页）

京都的二条城雄伟壮观，展示着统治日本数百年的幕府将军的实力。这里的内部装饰极尽华丽，开阔的庭院是漫步的理想场所。

京都御所和京都御苑（见112页）

尽管已非天皇居所，京都御所和京都御苑仍能令人回想起这里作为皇室所在地时的千年辉煌。

LEWIS LIU/SHUTTERSTOCK ©

COWARDLION/SHUTTERSTOCK ©

大阪城（见142页）

如今的大阪城是重建的，但在周围公园和护城河的拱卫下依旧气势逼人，蔚为壮观。

京都和大阪最佳
历史

京都就是活生生的日本历史教科书：无论你踏足何处，那里几乎都发生过影响深远的历史事件。探索今日的京都景点就像是回到日本的过去。大阪的历史也许不如京都厚重，但重要程度足以与之媲美，而且这里作为日本的主要港口和贸易中心，一直扮演着至关重要的角色。

COWARDLION/SHUTTERSTOCK ©

京都的历史

从8世纪到19世纪末，京都的历史几乎就是日本历史的同义词。京都本身也堪称是重要历史事件的舞台，天皇和幕府将军们在这里上演权力的争夺，主要宗教流派则在这里诞生并发扬光大。也是在这里，日本传统艺术不断发展精进，直至呈现出如今的完美面貌。

现在的京都已在向未来迈进，而此时这座城市面临的真正挑战在于如何在满足市民对经济发展和现代化便利生活的需求的同时，保护并传承它悠久的历史文化。

大阪的历史

从日本有文字记载以来，大阪（原名"难波"，Naniwa，这个名字如今也随处可闻）一直都是重要的港口和商业中心。早在6世纪前，这里就是日本与朝鲜和中国进行贸易的基地——交换的不但有商品，还有思想（如佛教和治国之道）与新的技术。

值得一游

修学院离宫[Shūgaku-in Rikyū，修学院離宮；www.kunaicho.go.jp；左京区修学院藪添（Shūgaku-in,Yabusoe）；🚌从京都站乘坐京都市内公共汽车5路至修学院离宫道（Shūgakuinrikyū-michi）]是京都东北部的亮点之一，最初作为皇室的夏季离宫而建，十分豪华。这儿的庭园能俯瞰京都市区，虽然到达这里有些麻烦，但值得一游。80分钟的（日语）团队游分别于每周二到周日的9:00、10:00、11:00、13:30和15:00出发，尽量早到。英语语音导览免费。18岁以下禁止入内，需要带上护照。

京都，修学院离宫

到了16世纪末，大阪的发展势头更加迅猛。在数百年的内战后，丰臣秀吉统一了日本，他选择大阪作为居城。江户时代（1603~1868年），大阪曾是日本最大的稻米（在当时相当于货币）集散地，因此有"日本的厨房"的美誉。

如今，商业仍然是大阪经济的重中之重——这座城市也是日本西部的经济枢纽。

京都，历史遗迹

二条城 德川幕府的军事实力象征。（见56页）

京都御所 曾是日本天皇的居所。（见112页）

仙洞御所 退位天皇隐居的华丽居所。（见118页）

祇园 京都从前的娱乐区和艺伎表演区。（见80页）

大阪，历史遗迹

御初天神 拥有1300年历史的神社，供奉着一对有缘无分的情侣。（见150页）

大阪城 丰臣秀吉在16世纪末统一日本后为展示实力而建。（见142页）

京都和大阪最佳 美食

京都是世界一流的美食城市。如果综合考虑就餐环境、服务与食物品质，你几乎很难找出比这里更物有所值的地方。每个街区都有相当好的就餐选择，但大多数顶级餐厅都汇聚在市中心。

京都特色

怀石料理（Kaiseki）美食料理的巅峰之作，原材料、烹制过程、摆盘和环境各方面的精妙结合营造出与众不同的用餐体验。菜式以素食为主（也常常有鱼类）。怀石料理的就餐体验通常都在料亭（ryōtei，极为雅致的传统餐馆）或日式旅馆的包间里进行。

豆腐料理（Tofu-ryōri）京都的豆腐很有名，原因在于这里的水质出众以及素食的僧侣数量庞大。京都全城的豆腐店不计其数，还有许多精致的汤豆腐（yudōfu）餐馆——多集中在东山北部南禅寺周边的街巷和岚山地区。

大阪特色

章鱼烧（Tako-yaki）这种以章鱼（日语称tako）为馅的面团由特制模具烤制，往往在街边售卖，成品配腌姜、浇酱油、碎海苔、蛋黄酱和鲣鱼花片，用牙签插着吃。中间的馅料滚烫，咬第一口的时候要小心。

御好烧（Okonomiyaki）美味的厚煎饼，馅料是切碎的卷心菜和食客自选的肉类、海鲜、蔬菜等食材（名字字面意思就是“随您喜好”）。御好烧通常在端上桌的铁板上烤制，铁板上刷着咸香的辣酱油，挤蛋黄酱为装饰，上面撒干鲣鱼花片，后者会随着蒸腾的热气舞动。

☑ 独家贴士

- 百货商店地下层有美食商店，较高的楼层往往也有餐馆集中区。
- 京都许多怀石料理餐馆供应美味的午餐套餐或便当，售价比正常晚餐低得多。

怀石料理

京都，菊乃井 出色的怀石料理，传统的就餐环境。（见87页）

京都，吉兆 无拘无束，在顶级的私人包房中享用。（见125页）

京都，露庵菊乃井 位于市中心，试验性的怀石料理，极富创意。（见66页）

大阪，正弁丹吾亭 百年老字号的大阪式怀石料理。（见135页）

面条（荞麦面和乌冬面）

京都，本家尾张屋 分量十足的荞麦面和乌冬面，位于市中心，环境安静。（见65页）

京都，Omen Kodai-ji 位于东山南部，就餐环境优美，面条可口。（见87页）

大阪，今井本店 位于道顿堀，主打乌冬面的老字号之一。（见135页）

大阪，Umeda Hagakure 拥有当地食客钟爱的冷面。（见152页）

拉面

京都，一风堂 可口的九州式拉面和外皮酥脆的饺子。（见67页）

京都，Karako 汤浓味美，猪肉鲜嫩。（见104页）

京都，京都拉面小路 在京都站九家拉面馆中任选。（见48页）

大阪，金龙拉面 位于道顿堀，一边享用便宜的面条，一边领略街上众生相。（见136页）

寿司

京都，Musashi Sushi 位于市中心，位置便利，价格实惠的回转寿司餐馆。（见67页）

大阪，回转寿司Ganko 位置便利，方便通勤者的寿司餐馆。（见150页）

天妇罗

京都，有马旬菜天妇罗 家庭经营，气氛友好，价格不贵。（见64页）

京都，吉川 美味的天妇罗和美丽的庭园。（见66页）

大阪，新喜乐 位于Hilton Plaza的高人气天妇罗餐馆。（见151页）

御好烧

大阪，Yukari 备受喜爱的御好烧餐馆，可选馅料五花八门。（见151页）

大阪，千房 大阪最有名的御好烧，门前排长队。（见134页）

京都，锦Warai 位于锦市场附近，位置便利，气氛轻松。（见68页）

京都，Kiraku 南禅寺附近的出色就餐选择。（见106页）

京都和大阪最佳
商铺与市场

京都和大阪都有五花八门的传统店铺和现代商店，以及出色的市场。无论是扇子、和服、茶叶，还是最新的电子产品、时髦服饰和简单的小玩意儿，在这两座城市中都有相当多的选择。

京都

京都的购物区基本是按商品种类分布的，如果你想买某种特定商品，很容易找到相应的店铺。以下是京都最重要的商业街以及该处的特色商品。

寺町通，御池通以北 日本传统工艺品、茶道仪式用具、绿茶和古董。

寺町通，四条通以南 电子产品和电脑。

四条通，河原町通至乌丸通之间 百货商店、时装精品店和传统手工艺品。

大阪

大阪是日本西部最大的购物城市，商场、百货商店、商业街、数码商店、精品店和二手商店的数量不计其数。跳蚤市场每月在神社和寺庙都有举办，包括御初天神和四天王寺（Shitennō-ji）。

电电城（Denden Town，でんでんタウン）是大阪的电子产品购物区。虽然Bic Camera和友都八喜等大型商店风头正劲，这里仍然自有一番复古的魅力：街上的遮阳篷有超级玛丽式的绿色管子，商店出售老式主板和其他二手部件。这里的多数商店周三不营业。

APPLES EYES STUDIO/SHUTTERSTOCK ©

☑ 独家贴士

▶记得在带有“Japan Tax-Free Shops”标志的商店出示护照：凡在京都逗留时间小于6个月的旅行者购买¥5000或以上的一般物品，以及¥5000至¥500,000的消费品，都可以免除8%的消费税。更多信息见tax-freeshop.jnto.go.jp/eng。

京都，锦市场（见54页）

京都，百货商店

大丸百货 位于市中心的巨大商店，商品种类齐全。（见58页）

高岛屋 商品种类繁多，商店装饰雅致，还有出色的餐馆和专门的就餐层。（见72页）

BAL 经营高端时装，地下层出售书籍。（见72页）

大阪，百货商店

阪急梅田本店 日本最大的百货商店之一，出售食品、时装和家居用品。（见154页）

Tokyu Hands 大阪人气百货商店，出售小摆设、工艺品和家居用品。（见140页）

京都，传统日本产品

Wagami no Mise 各种精美和纸尽在这家位于市中心的店铺。（见72页）

象彦 漆器爱好者的乐园。（见70页）

Kyoto Handicraft Center 一站式手工艺品商店，商品品质出众。（见106页）

锦市场 饮食相关的传统礼品，包括厨具、茶叶、甜品和清酒。（见54页）

大阪，传统日本产品

高岛屋 美食层不同凡响，6楼的厨具和餐具也不容错过。（见141页）

道具屋筋商店街 汇聚着许多摊档，出售厨具和餐具。（见139页）

京都和大阪最佳
文化

京都的文化生活在过去1100多年中一直围绕皇室开展，全日本技艺最精湛的工匠都被吸引至此，营造出令人难以置信的文化和艺术氛围。如今京都仍居住着许多日本顶尖艺术家，他们从事的行业从纺织业到竹艺，再到茶道，可谓包罗万象。

京都的手工艺品

京都是名副其实的日本文化中心和精华的所在，以保持日本传统闻名。几乎所有形式的日本传统手工艺品都在这里臻于完美。上千年来，京都一直都拥有日本最具鉴赏力的居民，因此，从歌舞伎表演到纺织品的各种传统艺术无不反映出长期的打磨和精进。

纺织品

京都以“京友禅”（kyō-yūzen）纺织品闻名，“友禅”（yūzen）是一种丝绸染色工艺，在17世纪由扇绘师宫崎友禅（Miyazaki Yūzen）发展完善。京友禅设计的普遍特点是简单的环状花饰（maru-tsukushi）、鸟类和风景，以染色鲜艳见长。这种技法需要高度熟练的手工绘制（tegaki），之后将米糊涂在织物上起到模具的作用，以免染料渗入织物的其他区域。通过反复改变米糊的图案，可以完成非常复杂的设计。

除了“京染”（kyō-zome），西阵织的工法也享誉国际，历史可追溯到京都建城之时。西阵织最初是为了满足贵族们对高品质华丽丝绸织品的需求而产生的，之后才逐渐发展起来。

ALEKSANDAR TODOROVIC/SHUTTERSTOCK ©

和纸

手工制纸工艺在5世纪时由中国传入日本，并在平安时代达到顶峰，当时居住在京都的皇族对写作诗歌与日记的手工纸张推崇备至。和纸一般使用桑树制造，但也可以用山上的灌木和其他植物。京都出产的和纸中有一种独特的“京千代纸”（kyō-chiyogami），按照传统一般都被用作特殊礼物的包装纸。

茶道

茶道

脱下神秘的外衣，茶道在实质上不过是敬茶欢迎客人的方式。在日本，茶道（chadō）传统已沿袭了近500年。当然，正如日本的许多"道"一样，茶道也被仪式化、形式化到难以想象的程度。在典型的茶道仪式中，主人和客人都需要遵守严格的规则，主人所属的茶道流派不同，具体规则也会不同。

Club Ōkitsu Kyoto 在日式别墅里面体验茶道和和服。（见122页）

西阵 京都传统纺织区，到处都有传统的町屋。（见115页）

京都国际漫画博物馆 全面、深入了解日本漫画文化。（见64页）

Camellia茶道体验 学习茶道艺术。（见87页）

京都传统产业交流馆 展示传统手工艺品。（见101页）

织成馆 展示西阵织的小巧博物馆。（见121页）

船冈温泉 在温泉里一边放松身心，一边感受日本文化。（见121页）

Haru料理教室 学习制作心仪的日本菜肴。（见122页）

京都和大阪最佳
饮品与夜生活

时尚咖啡馆中熟练煮制的单品咖啡、传统茶室中味道浓郁的抹茶、只有6个座位的精致酒吧中精心调制的鸡尾酒和单一麦芽威士忌，以及自酿酒吧里的日本精酿啤酒……京都和大阪的饮品选择可谓丰富至极。

在哪喝

乍看上去，京都的夜生活好像没有多么丰富，实际上这些场所隐藏得很深。许多酒吧的位置都很隐蔽，外观看起来平淡无奇，当你在大街小巷漫步时甚至很难发现它们的踪迹。唯一的例外是木屋町通，这里是京都的主要夜生活区，酒吧到处都是，风格多样，从简朴粗犷的学生酒吧到令人称奇的时尚场所不一而足。

大阪人喜欢放松自我：整座城市到处都有居酒屋、酒吧和夜店。夏季时，百货商店的楼顶还会开设啤酒花园。可以通过Kansai Scene（www.kansaiscene.com）了解夜生活资讯。

喝什么

啤酒是人们最爱的佐餐饮品，但朝日（Asahi）、札幌（Sapporo）、麒麟（Kirin）等著名品牌霸占市场的日子已经一去不复返了。京都和大阪的精酿啤酒方兴未艾，自酿酒馆和主打精酿啤酒的酒吧正如雨后春笋般在各地涌现。

虽然啤酒的人气居高不下，但清酒在京都也正重新流行起来。它作为寿司、怀石料理的佐餐酒以及居酒屋的主打而备受人们喜爱。清酒，尤其是顶级的清酒，通常要冷着喝，但在居酒屋或串烧餐馆，有些食客也会将酒烫热了再喝（这种喝法在日语中被称为“熱燗”，atsukan）。不喝酒的人往往会点乌龙茶佐餐，这种茶几乎到处都有。有些高端的日本料理餐厅以及几乎所有西餐厅都会供应葡萄酒，餐厅越高档，葡萄酒的种类也越多。晚餐后，除了啤酒、葡萄酒和清酒之外，你还可以在京都和大阪不计其数的酒吧中品尝到各种鸡尾酒和烈酒。

大阪，道顿堀（见128页）

京都，高档酒吧

Bar K6 酒吧不大，汇聚当地酒客，主打单一麦芽威士忌和精心调制的鸡尾酒。（见61页）

Tōzan Bar 位于Hyatt Regency Kyoto酒店的地下层，仅仅是这里的设计就值得一看。（见89页）

Gion Finlandia Bar 精致的祇园酒吧，有打领结的酒保。（见89页）

大阪，高档酒吧

Windows on the World 位于Hilton酒店35楼的美妙酒吧。（见154页）

京都，精酿啤酒

Bungalow 位于市中心的工业风酒吧，啤酒相当好。（见68页）

京都酿造株式会社 空间不大，出色的站立式品酒室。（见49页）

Tadg's Gastro Pub 位于京都市中心附近，气氛友好，常有外籍人士和当地人光顾。（见60页）

大阪，精酿啤酒

Beer Belly 大阪最佳的自酿酒馆。（见152页）

Craft Beer Base 出售瓶装啤酒的商店兼酒吧，供应各种优质的精酿啤酒。（见154页）

京都和大阪，夜店

京都，World 全年活动不断的大型夜店。（见61页）

大阪，Circus 大阪地下电子音乐的中心。（见137页）

京都和大阪最佳 博物馆

逛够了京都的寺庙，泡够了大阪的酒吧，别忘了这里还有许多顶级的博物馆可供消遣。京都的蒸汽火车头、大阪的东洋陶瓷，还有无数的画廊，都值得一看。

京都铁路博物馆 备受孩子和火车爱好者青睐的互动式博物馆。（见47页）

京都文化博物馆 在重建的特色商业区观看展览。（见64页）

京都国立博物馆 京都顶级的美术馆，不容错过。（见85页）

京都传统产业交流馆 展示传统手工艺品。（见101页）

京都国立近代美术馆 陶瓷展品不同凡响，也有顶级艺术展。（见103页）

京都市美术馆 举办重要展览，馆后有个漂亮的池塘。（见103页）

COWARDLION/SHUTTERSTOCK ©

京都，织成馆 了解西阵织工艺的好地方。（见121页）

大阪，东洋陶瓷美术馆 约400件亚洲陶瓷展品。（见149页）

大阪国立国际美术馆 建筑本身引人入胜，馆内收藏20世纪的艺术品。（上图；见150页）

京都和大阪最佳
寺庙和神社

寺庙和神社是京都的重要景点，理由也很充分：它们都是世界上宗教建筑的典范。京都的寺庙有上千座，神道教神社则超过400座，一个人恐怕要穷其一生才能充分领略这些建筑奇观。大阪也有几座值得游览的神社和寺庙。

京都，寺庙

南禅寺 宜人的寺庙建筑群，院落宽广。（见94页）

金阁寺 池塘中的金阁寺倒影格外美丽。（见108页）

银阁寺 令人赞不绝口的禅宗庭园。（见96页）

知恩院 庞大的建筑群，佛殿和艺术品引人注目。（见78页）

青莲院 避开人群，俯瞰优美庭园进行冥想的理想场所。（见84页）

永观堂 美妙的寺庙，佛塔可以将城市尽收眼底。（见100页）

大德寺 众多禅宗寺庙和完美庭园的集合体。（见118页）

清水寺 京都人气最高的寺庙之一。（见76页）

大阪，寺庙

法善寺 青苔满地的市区寺庙。（见134页）

JULIAN52000/SHUTTERSTOCK ©

京都，神社

伏见稻荷大社 数百座鸟居沿山坡分布。（见42页）

上贺茂神社 比京都的历史更久远的神社。（上图；见119页）

八坂神社 祇园内的神社。（见84页）

大阪，神社

御初天神 拥有1300年历史，周围摩天大厦林立的神社。（见150页）

值得一游

鞍马寺（Kurama-dera）位于京都以北约30分钟路程、林木茂密的山峰高处，是当代日本为数不多的几个力图坚持真正修行的寺庙之一。美丽的自然环境为其增添了许多魅力。从鞍马站出站后，步行上坡即可到达寺庙入口。可乘有轨电车往返峰顶，单程¥100，也可以步行30分钟前往（沿着电车站外的小径）。从出町柳站乘叡山线（Eizan Line）可达鞍马站。

京都和大阪最佳 免费景点

你或许以为去京都旅行足以让你再背上一笔债，但事实上这里也有许多免费景点，在分文不掏的情况下，你可以安排至少一周的观光活动。以下仅仅介绍其中几处。

寺庙

南禅寺 位于东山北部的绝佳寺庙，院落宽阔，是漫步的好去处。(见94页)

知恩院 宏伟的寺庙建筑群，院落免费游览。(见78页)

东福寺 位于东山山脉以南，这个优美的禅宗寺庙拥有宽广的庭院。(见46页)

法然院 佛殿中有座画廊，常有免费艺术展。(见100页)

神社

伏见稻荷大社 游览此地的唯一一笔花费，可能就是爬山后买杯喝的。(见42页)

下鸭神社 在美丽的纠之森中穿行，前往本殿。(见119页)

八坂神社 强烈推荐在晚上游览，此时的灯笼让这里显得好像有魔力一样。(见84页)

公园

京都御苑 许多游客都没注意到的瑰宝，从棒球草坪到鲤鱼池塘应有尽有。(见112页)

ABDERAZAK TISSOUKAI/500PX ©

圆山公园 就在主要观光路线上，这座美丽的公园是野餐的理想场所。(见84页)

其他景点

锦市场 在这座美妙的市场中逛逛不用花半分钱。(见54页)

岚山竹林 京都最具人气的景点之一，你可以在周围漫步观景。(上图；见125页)

京都和大阪最佳
儿童旅行体验

京都非常适合带孩子游览。日本非常安全，也非常干净，所有平时的困扰在这里几乎都不是问题。你面临的最大挑战就是怎样激发孩子们的兴趣。许多成年人来京都观赏的寺庙、庭园、神社对于孩子们来说可能有些乏味。

GORAN BOGICEVIC/SHUTTERSTOCK ©

如何逗孩子们开心

在京都，哄孩子们开心的最佳方式就是在传统日本文化中寻找他们可能感兴趣的事物。好在京都不乏适合孩子们的景点，如游戏厅、公园以及带有蒸汽火车头的博物馆等。如果你的孩子年龄稍大些，你的选择就更多：在京都周边的山地徒步、租辆自行车探索城市，或者带他们去市中心年轻向的购物区域，如新京极商业街和四条河原町购物区。

伏见稻荷大社 这座神社占地面积广阔，孩子们会对连绵不绝的鸟居感兴趣。（见42页）

京都铁路博物馆 馆内古老的蒸汽机车是疯狂迷恋火车的孩子们的必去之地。（上图；见47页）

京都府立植物园 想要野餐、漫步或扔飞盘，这里正合适。（见115页）

京都御苑 广阔的庭院、小径、池塘和林地特别适合野餐、散步或骑行。（见112页）

值得一游

海游馆[Kaiyūkan；www.kaiyukan.com；海岸通（Kaigan-dōri）1-1-10]是日本最好的水族馆之一。800多米长的步道两旁展示着各种生活于太平洋火山环形带区域的海洋生物。从南极企鹅到珊瑚礁蝴蝶鱼，从格外呆萌的北极水獭和蒙特雷湾海豹再到令人惊艳的深海水母，应有尽有。令人印象最深刻的还是巨大的中央水箱，里面徜徉着鲸鲨和蝠鲼，以及数千只其他鱼类。值得注意的是，这里还有被捕获的海豚；有些游客也许会感到难以接受。越来越多的证据表明，把这些鲸类动物束缚在小空间内会对它们造成伤害。乘坐中央线至大阪港站（Osaka-kō）即可到达此地。

京都和大阪最佳
建筑和庭园

京都的美几乎体现在方方面面：古老寺庙中典雅的木质佛殿、小巷旁鳞次栉比的町屋、色彩鲜艳的神社等，最棒的是，日本其他任何地方都不像京都能拥有这么多的庭园。大阪或许不如京都那么美，但也有几座引人注目的建筑。

传统建筑

日本传统建筑几乎只用木头搭建。日本的木匠是真正的大师，他们不用钉子，只运用复杂的连接工艺就能建造大规模的木质建筑——有些建筑历经数百年依然屹立不倒。

日本庭园

你在游览庭园时将会见到以下几种主要类型。

周游式（shūyū）周游式的设计目的是让人沿着蜿蜒小径进行观赏，让庭园每一部分从不同角度得到充分展现。

观赏式（kanshō）观赏式庭园意在让人从一个最佳位置进行观赏。禅宗岩石庭园，也称为枯山水（kare-sansui）庭园，就是这一类型的范例，它的设计目的是帮助冥想。

回游式（kaiyū）回游式庭园的特征是有多个小庭园和一间或若干间分布在一个中央池塘周围的茶室，让你享受多重乐趣。

HIROSHI H/SHUTTERSTOCK ©

传统建筑

京都，大河内山庄 华丽的山庄，有令人叹为观止的住宅和茶室。（见125页）

京都，祇园 一片传统房屋林立、气氛复古的美妙区域。（见80页）

京都，西阵 传统纺织区，有许多传统町屋。（见115页）

现代建筑

大阪，梅田蓝天大厦 活像未来派凯旋门的地标建筑。（上图；见149页）

京都站 钢铁与玻璃构造出的大教堂般的宏伟建筑，令人叹为观止。（见46页）

庭园

京都，东福寺 拥有壮观庭园的寺庙建筑群。（见46页）

京都，银阁寺 以惊人的白沙砾石庭园为特征的寺庙庭园。（见96页）

京都，大河内山庄 能欣赏到山景的开阔庭园。（见125页）

京都，青莲院 寺庙清幽，有高大樟树和令人感到惊艳的庭园。（见84页）

日式庭园

京都和大阪最佳
表演艺术

提到观赏表演艺术，京都和大阪都有很多东西拿得出手。京都以精彩的艺伎舞蹈、传统能剧、歌舞伎表演闻名，大阪则拥有活跃的日本朋克和独立摇滚等现场音乐。

京都，艺伎表演

Kyō Odori 最佳艺伎表演之一；每年4月第一个周日至第三个周日间进行。（见90页）

Miyako Odori 丰富多彩的表演，令人难以忘怀；每年4月进行。（见90页）

Kitano Odori 每年4月15日至25日在上七轩歌练舞场（Kamishichiken Kaburen-jō）上演。

Kamogawa Odori 每年5月1日至24日在先斗町（Ponto-chō）有演出。（见70页）

Gion Odori 魅力十足的舞蹈；每年11月1日至10日在祇园会馆（Gion Kaikan）的剧场上演。

大阪，现场音乐

Namba Bears 位于地下的现场演出场所，可以自带啤酒。（见139页）

火影 小型现场演出场所，主打摇滚、朋克和噪音乐队。（见139页）

戏剧

大阪能乐会馆 有能剧演出，距阪急梅田站不远。（见154页）

南座 位于京都祇园中心处，是日本历史最悠久的歌舞伎剧院。（见90页）

ROHM Theatre Kyoto 建筑引人注目，举办芭蕾、能剧（nō）等各种演出活动。（见106页）

京都和大阪最佳 咖啡馆和茶室

京都以高品质绿茶和古老的茶道闻名。全城到处都有古雅的茶室，可供你享用抹茶和甜点。此外，你也会发现数量众多、非常专业的现代咖啡馆。大阪的咖啡文化也是欣欣向荣，不难找到好咖啡。

京都

Vermillion Espresso Bar 位置便利，可在游览伏见稻荷大社之余来此休憩。（见49页）

嘉木 由著名的一保堂茶铺经营的漂亮茶室。（见59页）

Kasagi-ya 备受当地人欢迎的喝茶吃传统甜品的地方。（见88页）

%Arabica 美味的咖啡，优美的岚山景色。（见125页）

键善良房 位于祇园中心地带的老字号茶室。（见88页）

大阪

Jun-kissa American 20世纪40年代经典美式风格的咖啡馆。（见137页）

BEYKOV MAKSIM/SHUTTERSTOCK ©

Mel Coffee Roasters 小巧的外卖店，供应出色的单品咖啡。（见138页）

Planet 3rd 位于美国村，十分舒适，提供简餐，还有iPad供客人使用。（见136页）

当地生活

带你体验原汁原味的京都和大阪

游览过京都和大阪的寺庙、神社与博物馆之后，要留出充足的时间体验当地人最爱去的场所——晚间在气氛美妙的街区漫步，在公园里徜徉，去酒吧品尝当地啤酒，在传统手工艺品中淘宝。

京都，购物一下午

（见58页）

- 百货商店和特产商店
- 茶室与甜品店

市中心的中京区是京都消费主义盛行的核心地带，当地人常常冲着那些顶级精品店和百货商店而来，或是为了去锦市场挑选美味的食材，还会在这里吃一顿简单的午餐。

京都，痛快玩一晚

（见60页）

- 隐秘的当地人据点
- 气氛美妙的街道

尽管先斗町和木屋町通一带在夜间总是挤满大批游客，但这里仍然深受当地人喜爱。从隐秘的酒吧到鸭川沿岸，都是他们的玩乐之处。

京都，公园、传统和咖啡时光

（见114页）

- 公园和庭园
- 传统街区

当地人想在京都市中心找一片绿地远离城市喧嚣时，就会来到京都御苑一带。有人在这里晨跑，有人带全家一起来逛京都府立植物园，而西阵的织工们就在町屋（传统日式住宅）里忙着每天的活计。

大阪，新世界

（见130页）

- 复古的魅力
- 便宜的餐食

100年前，新世界曾经是一个前卫的游乐园。现在它是个稍显破落又带有复古气息的休闲街区。这里有古老（略显简陋）的弹珠机和麻将馆，也有便宜又有趣的餐馆，还有一座大型浴场，给人一种20世纪中期的怀旧感。

京都御苑（见112页）的慢跑者

新世界（见130页）的街道，远处是通天阁

像当地人一样感受京都和大阪，你还可以去：

Umeda Hagakure（见152页）

京都酿造株式会社（见49页）

有马旬菜天妇罗（见64页）

Salon de Amanto Tenjin（见155页）

Kasagi-ya（见88页）

Beer Komachi（见90页）

三角公园（见134页）

Karako（见104页）

Misono Building（见138页）

纸司柿本（见73页）

每日行程

第一天，京都

京都体验的第一站要去最重要的观光区：东山南部，这里聚集着众多值得一看的景点。先去**知恩院**（见78页）和**青莲院**（见84页）游览，再去**圆山公园**（见84页）徜徉。之后直接去**Hisago**（见88页）吃午饭，一定要尝尝店里的招牌亲子丼盖饭（鸡肉鸡蛋盖饭）。

午饭后沿着**二年坂和三年坂**（见87页）的小巷漫步消食，顺路逛逛茶室和精品店。然后去京都顶级景点**清水寺**（见76页）。可以用整个下午来游览这座怡人的寺庙。

这一区域的理想晚餐选择当属**柴崎荞麦面**（见88页），可以品尝寿司和分量十足的面条，店里展示着上好的漆器。晚餐后，流连于气氛美妙的**祇园**（见80页），在挂着灯笼的传统街道上捕捉往来艺伎的身影。接着到**Gion Finlandia Bar**（见89页）喝一杯，结束第一天的行程。

第二天，京都

东山北部值得游览的庭园和寺庙很多。一大早去**银阁寺**（见96页）可以避开拥挤的人群，之后沿着**哲学之道**（见100页）走到壮丽的**永观堂**（见100页），再去探索占地面积广阔的**南禅寺**（见94页）及庭园。在**Hinode Udon**（见106页）吃碗美味的面条以补充体力。

寺庙游览告一段落，接下来前往市中心，去著名的**锦市场**（见54页）转转；不要错过**有次**（见70页）享誉国际的厨房刀具。沿着寺町商业街继续购物，还可以逛逛河原町通和四条通的百货商店。

在**京极Kaneyo鳗鱼饭**（见67页）品尝美味的鳗鱼，晚餐后去很有氛围的**先斗町**（见64页）。在最近的便利店买杯饮料或啤酒，去鸭川岸边一边啜饮一边观景。

没时间?

我们将京都和大阪的所有必游看点融入这些按天规划的行程之中，确保你能在有限的时间内看到这两座城市最美的一面。

第三天，京都

京都站外没有太多景点，可以再向南走一点，游览令人叹为观止的**东福寺**（见46页；别忘了去方丈庭园看看）和**伏见稻荷大社**（见42页）。回到京都站，如果之前只是匆匆路过的话，此时可以欣赏车站建筑本身。在京都站内**京都拉面小路**（见48页）的九家拉面馆中选一家解决午饭。

在京都站乘坐公共汽车前往日本最著名的景点之一**金阁寺**（见108页）。欣赏过寺庙和禅宗庭园之后，去东山南部见识**高台寺**（见85页）等更多宁静的禅宗寺庙。

在**Omen Kodai-ji**（见87页）享用美味新鲜的蔬菜乌冬面，再去**Beer Komachi**（见90页）混在当地人中间，尝尝日本的精酿啤酒。

第四天，大阪

先去游览**大阪城**（见142页）；顺路去**Gout**（见143页）买些点心留着在大阪城公园的草坪上吃。花些时间仔细探索周边的院落、城堡内部和观景台。然后乘坐地铁谷町线到东梅田，去**御初天神**（见150页）瞻仰有缘无分的情侣阿初和德兵卫。午餐时到附近的**Yukari**（见151页）品尝御好烧。

乘坐地铁到心斋桥，沿着**心斋桥筋商店街**（见140页）漫步，之后越过**戎桥**（见129页）去霓虹闪烁的**道顿堀**（见128页），准备在晚间凑凑热闹。

道顿堀的餐饮场所不计其数，**今井本店**（见135页）是个不错的选择。填饱了肚子也看够了霓虹灯，就前往酒吧和夜店遍地的**美国村**（见133页），和当地人一起跳舞、畅饮，为一天的行程画上圆满的句号。

行前参考

更多信息，
见163页生存指南。

货币
日元（¥）

语言
日语

签证
对中国公民的旅游签证，必须由有指定资质的旅行社代办，单次旅游签证有效期为15天。另外也有附带条件的3年和5年多次入境签证。

现金
百货商场、药妆店和大部分酒店皆接受信用卡，部分支持银联。邮局和一些便利店的自动取款机也支持银联卡取现。但最好还是随身带些现金。

网络
免费Wi-Fi随处可见。但若想随时上网，最经济实用的办法是在国内事先租好便携式Wi-Fi，或者买张4G上网卡。

时间
日本位于东九区，比北京早1小时。

插座和电源
日本使用100伏的交流电，其插座为双孔扁平型电源插座，与中国一致，但没有三脚插座。

小费
在日本通常不用给小费。

① 出发前

每日预算

经济：¥10,000以下
- 客栈住宿：¥3000
- 两顿简餐：¥2200
- 火车/公共汽车出行：¥1500
- 一处寺庙/博物馆的门票：¥500

中档：¥10,000~20,000
- 商务酒店住宿：¥10,000
- 两顿中档餐馆餐食：¥5000
- 火车/公共汽车出行：¥1500
- 两处寺庙/博物馆的门票：¥1000

高档：¥20,000以上
- 一流酒店住宿：¥25,000
- 两顿高档餐馆餐食：¥8000
- 火车/公共汽车出行：¥1500
- 乘坐两次出租车：¥3500

网络资源

- **Lonely Planet**（www.lonelyplanet.com/kyoto）目的地信息、旅行者论坛等。
- **京都市观光协会**（www.kyokanko.or.jp）这个网站的信息量惊人，而且链接了许多跟京都旅行相关的网站。
- **京都攻略旅游指南**（kyoto.travel/cn）有一些线路推荐，很实用，中文版也已推出。
- **HyperDia**（www.hyperdia.com/en/）英语火车时刻表。

提前计划

几个月以前 如果打算樱花季（3月和4月）或秋叶季（10月至11月）前往，此时就可以开始预订住宿。

1个月以前 如果打算乘火车周游日本，不妨先购买JR通票。

几天前 买双舒适、方便穿脱的徒步鞋（在寺庙和神社常要脱鞋）。

2 抵达京都和大阪

飞机

都 关西国际机场(KIX)是国际游客抵离京的主要机场。该机场位于大阪湾的一座人岛上，乘直达快车至京都约75分钟。

阪 有两座机场服务大阪：关西国际机场起所有国际航班和部分国内航班，伊丹机场降国内航班。后者常被称作大阪国际机场，易造成混淆。关西国际机场在大阪市区西约50公里处，伊丹机场在大阪市区西北12里处。

火车

都 京都站与附近城市之间有几班不错的列连接，包括日本铁路公司(Japan Railways，称JR)运营的列车。JR列车也会前往更远的市，这些城市中多数与京都有高速的新干往来。

阪 新大阪站位于东海道-山阳(Tōkaidō-anyō)新干线线路上。前往许多日本主要城的列车班次频繁。

大阪与京都之间的列车往来频繁，其中括从大阪站开往京都的JR京都线(Kyoto ne; ¥560，28分钟)和阪急京都线(Hankyū oto Line)。东急列车(Tokkyū)从阪急梅站(Hankyū Umeda)发往京都的乌丸站 Karasuma; ¥400，40分钟)和河原町站 Kawaramachi; ¥400，44分钟)。

3 当地交通

京都

火车和地铁

京都有两条高效的地铁线路，运营时间为5:30~23:30。最低成人票价¥210。乘坐地铁可以快速往来于南部与北部[乌丸线(Karasuma Line)]或东部与西部[东西线(Tōzai Line)]之间。京都站可搭乘的火车除了私营的近铁(Kintetsu)，还有另外两条私营线路：从京都梅田发车的阪急线(Hankyū Line)和沿鸭川运行的京阪线(Keihan Line)。

公共汽车

京都的公共汽车线路四通八达，乘坐便捷，费用也合理。旅行者常用的线路通常有英语报站。多数公共汽车运营时间为7:00~21:00。

自行车

京都市区适宜骑自行车探索。多数区域地势平坦，鸭川沿岸还有一条好骑的自行车道。

大阪

火车和地铁

JR环状线(Kanjō-sen)，即大阪环线，沿JR大阪站南部的环形路线运行，多数景点都在环线内。大阪有8条地铁线，对于短期游客最有用的线路是南北方向运行的御堂筋线(Midō-suji Line，红线)，列车经停新大阪(Shin-Osaka)、梅田(Umeda; 大阪站的下一站)、心斋桥(Shinsaibashi)、难波(Namba)和天王寺(Tennōji)等站。单程票价¥180至¥370。

公共汽车

大阪有发达的公共汽车系统(票价¥210)，但火车和地铁更为便捷。

出租车

午夜后的交通选择往往只有出租车。起步价¥680(2公里)，之后每266米或等待100秒增加¥80。

区域速览
京都

东山北部(92页)

众多顶级观光选择——寺庙、神社、艺术博物馆、美不胜收的运河步道、公园等，应有尽有。

顶级景点

南禅寺

银阁寺

京都御所及周边(110页)

京都首屈一指的绿地，是当地人放松的场所，这里有开阔的公园、禅宗寺庙建筑群和与皇室有关的历史景点。

顶级景点

京都御所和京都御苑

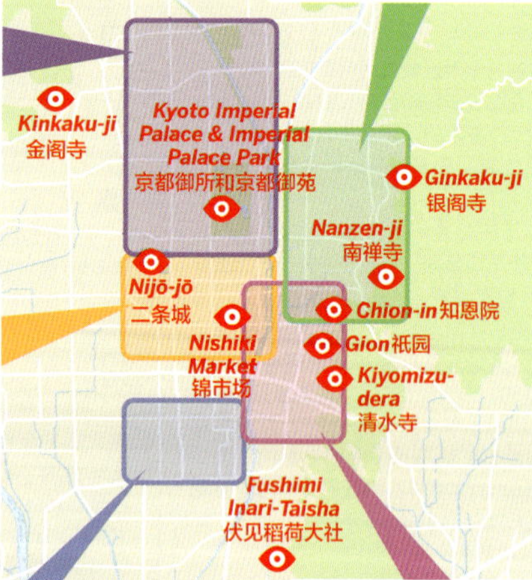

京都市中心(52页)

暂时不去游览寺庙，直接去购物，再去京都最好的酒吧和餐馆吃吃喝喝。

顶级景点

锦市场

二条城

祇园和东山南部(74页)

小巷中的艺伎身影，吸引游客的寺庙，还有散布各地的传统茶室。

顶级景点

清水寺

知恩院

祇园

京都站和京都南部(40页)

京都的交通枢纽，但也有令人赞叹不已的神社建筑群和清幽的寺庙等景点。

顶级景点

伏见稻荷大社

值得一游

顶级景点

金阁寺(108页)

当地生活

岚山(124页)

区域速览
大阪

值得一游

顶级景点

大阪城(142页)

东大寺和奈良公园(144页)

北区(146页)

大阪北区摩天大楼林立，工作场所聚集，也是交通和商业的枢纽。这里有几家相当好的商场，也有隐藏在快节奏都市生活中的神社和艺术博物馆。

南区(126页)

南区中和了北区的墨守成规，是大阪人放松休闲的场所，这里霓虹闪烁，酒吧营业至深夜，还有大阪顶级的商业街。

顶级景点

道顿堀

名古屋市西区葭原町三ノ五
三品千代子

探索

京都和大阪

值得一游

最佳步行游览

在京都伏见稻荷大社（见42页）漫步的女性

探索

京都站和京都南部

京都站所在的这一区是京都的门户。从京都站步行可达附近的两三座寺庙，乘坐公共汽车的话，很快就可以到达值得一去的铁路博物馆。再往南走是京都最令人赞叹的景点之一伏见稻荷大社，另外还有景色一流的东福寺及庭园。

一日游行程

早起避开人群，清晨参观美丽脱俗的**伏见稻荷大社**（见42页），开始一天旅程。徒步穿过广阔的神社建筑群，再去**Vermillion Espresso Bar**（见49页）喝杯名不虚传的咖啡。然后到**东福寺**（见46页）观赏宁静的庭园和令人震撼的寺庙，接着乘火车到**京都站**（见46页）欣赏其宏伟的建筑。

在京都站内**京都拉面小路**（见48页）的9家拉面餐馆中任选一家吃午饭，之后走到马路对面登上**京都塔**（见48页）将城市风光尽收眼底。搭乘公共汽车前往出色的互动性很强的**京都铁路博物馆**（见47页），你在这里可以饱览各种老式蒸汽机车，还能亲身搭乘一列体验一下。

回到京都站，向北漫步去瞻仰宏伟的**西本愿寺**（见47页）和**东本愿寺**（见46页），留些时间在安静的**涉成园**（见48页）。先找全**Cube**（见49页）和**Eat Paradise**（见48页）美食广场的餐厅名单，再选择一家享用晚餐。酒足饭饱之后还可以逛逛**商店**（见49页），囤些电子产品。

顶级景点

伏见稻荷大社（见42页）

京都最佳

就餐

京都拉面小路（见48页）

Eat Paradise（见48页）

Cube（见49页）

购物

Bic Camera（见49页）

友都八喜（见50页）

伊势丹（见50页）

到达和离开

火车 包括新干线在内的JR各线，以及抵离京都站的私铁近铁线（Kintetsu Line；近畿铁路）列车。

公共汽车/长途汽车 许多城市公共汽车、JR和其他线路的长途汽车抵离京都站长途汽车总站（Kyoto Station Bus Terminal；位于京都站北端）。

S 地铁 地铁乌丸线(Karasuma Line)在京都站地下设站（地铁京都站简称“京都”）。

顶级景点

伏见稻荷大社

朱红色的鸟居（torii）沿着林木茂密的山坡排成一条看似无边无际的长廊，这片自成天地的巨大神社建筑群无疑是京都最令人难忘的景点之一。一条长4公里的小路沿山坡向上，路两旁还有许多有氛围的小神社。

伏見稲荷大社

见44页地图，H5

伏見區深草藪之内町（Fukakusa Yabunouchi-chō）68

门票免费

黎明至黄昏

JR奈良线（Nara Line）至稻荷（Inari）或京阪线（Keihan Line）至伏见稻荷（Fushimi-Inari）

狐狸石像

历史

8世纪，秦氏家族修建伏见稻荷，用于供奉稻荷神（稻米和清酒之神）。随着农业的重要性减弱，稻荷神逐渐被用于祈求生意兴隆。如今，伏见稻荷大社是全日本约4万座稻荷神社的总社，也是日本最具人气的神社之一。

稻荷神的使者

游览神社的过程中，你将看到数以百计的狐狸石像。据说狐狸是稻荷神的使者，狐狸石像通常也象征着稻荷神。很多狐狸嘴里还含着用来开启谷仓的钥匙。顺带提一句，在日本的传统观念里，狐狸是神圣而带有神秘的角色，能够“附上”人身——它们最喜欢从指甲下面进入人身。

徒步

漫步伏见稻荷大社、登顶稻荷山是惬意的白日远足路线。但是傍晚时分，沿途的一座座墓地和小型神社也会令人感到一丝诡异的气氛。此时你最好找个朋友同行。

☑ 独家贴士

- 不要怕迷路，因为这也是在伏见的乐趣之一。
- 1月的头几天是游览的好时机，此时可以看到成千上万的信徒为了祈求好运而来此做初拜（hatsu-mōde，新年第一次参拜神社）。
- 在4月8日的产业节（産業祭，Sangyō-sai）上，可以看到人们为了祈求国家产业繁荣而进献供品并跳起祭神舞蹈。

吃喝落脚点

Vermillion Espresso Bar（见49页）咖啡馆是探索完神社之后理想的休憩场所。这里供应可口的咖啡和蛋糕。

A
B
C
D
1
2
3
4
5
0 200 m
0 0.1 miles
Nishi Hongan-ji 西本愿寺 5
SHIMOGYŌ-KU 下京区
Omiya-dōri 大宮通
Shichijō-dōri 七条通
Horikawa-dōri 堀川通
Kitsuyabashi-dōri 木津屋橋通
Kyoto Railway Museum 京都铁路博物馆 6
Umekōji-kōen 梅小路公园
Hachijo-dōri 八条通
Hachijō-dōri 八条通
Harikoji-dōri 針小路通
详细介绍请见
顶级景点 42页
景点 46页
就餐 48页
饮品 49页
购物 49页
Tō-ji 东寺 3
15
Tōji-dōri 東寺通
Inokuma-dōri 猪熊通
Tōji 東寺
MINAMI-KU 南区
去Kyoto Brewing Company 京都酿造株式会社(700m)

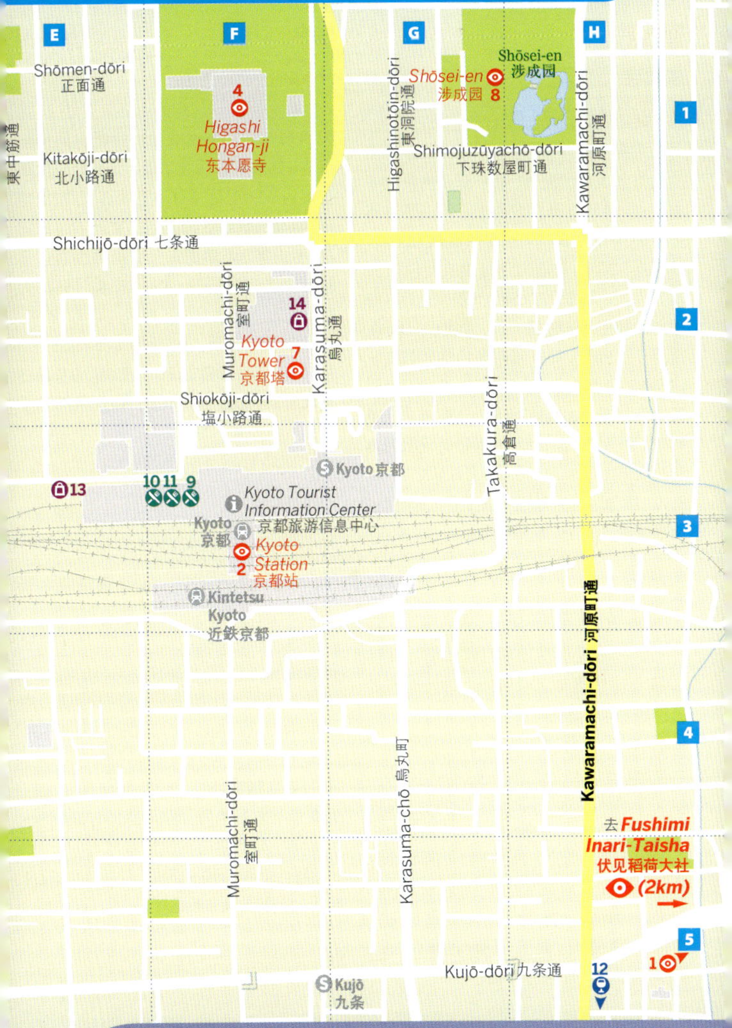
E
F
G
H
1
2
3
4
5
Shōmen-dōri
正面通
東中筋通
Kitakōji-dōri
北小路通
4
Higashi
Hongan-ji
东本愿寺
Higashinotōin-dōri
東洞院通
Shōsei-en
涉成园
8
Shōsei-en
涉成园
Shimojuzūyachō-dōri
下珠数屋町通
Kawaramachi-dōri
河原町通
Shichijō-dōri 七条通
Muromachi-dōri
室町通
14
Kyoto
Tower
京都塔
7
Karasuma-dōri
烏丸通
Shiokōji-dōri
塩小路通
Takakura-dōri
高倉通
Kyoto 京都
13
10 11 9
Kyoto Tourist
Information Center
京都旅游信息中心
Kyoto
京都
Kyoto
Station
京都站
2
Kintetsu
Kyoto
近鉄京都
Kawaramachi-dōri 河原町通
Karasuma-chō 烏丸町
Muromachi-dōri
室町通
去 Fushimi
Inari-Taisha
伏见稻荷大社
(2km)
1
Kujō-dōri 九条通
12
Kujō
九条

景点

东福寺

佛教寺庙

1 见44页地图，H5

东福寺有一个很大的花园、几座杰出的建筑和美丽的院落，是京都最精致的寺庙之一，非常值得你专程来一趟。顺道还可以去伏见稻荷大社（有京阪线和JR各线连接二者）。目前的寺庙建筑群包括24座分寺。巨大的山门（San-mon）是日本最古老的禅宗寺庙建筑大门，方丈殿（Hōjō）重建于1890年，而庭园则在1938年打造。[東福寺，Tōfuku-ji；075-561-0087；東山区本町（Honmachi）15-778；门票 方丈庭园¥400，通天桥（Tsūtenkyō）¥400；12月中旬至次年10月 9:00~16:00，11月至12月上旬8:30~16:30；京阪线至东福寺，JR奈良线至东福寺]

京都站

知名建筑

2 见44页地图，F3

京都站建筑采用醒目的钢筋与玻璃结构——仿佛是交通时代下的一座未来主义风格的大教堂，进入主厅时你一定会被拱顶下巨大的空间所震惊。一定要去建筑东侧楼的7层，然后乘坐电梯前往11层高悬于车站中央大厅之上的玻璃人行天桥Skyway（10:00~22:00开放），从那里俯瞰下方的大街。然后直奔位于15层的观景台Sky Garden眺望城市风景。[京都駅，Kyoto Station；www.kyoto-station-building.co.jp；下京区烏丸通塩小路下ル（Karasuma-dōri，Shiokōji-sagaru）；京都站]

东寺

佛教寺庙

3 见44页地图，B5

作为京都站南侧的主要景点之一，迷人的东寺由多个大殿和一座精美的佛塔组成，佛塔下方的院子里每月举办一次跳蚤市场——弘法市场（见50页）。东寺建于794年，是皇室为护佑国家而下令修建的。823年，天皇把东寺交由佛教真言宗的创立者空海法师（Kūkai，谥号弘法大师）主持。[東寺，Tō-ji；南区九条町（Kujō-chō）1；院落免费，金堂和讲堂¥800；3月20日至9月19日 8:30~17:00，9月19日至次年3月19日 至16:00；从京都站乘京都市内公共汽车205路；近铁京都线（Kintetsu Kyoto line）至东寺站]

东本愿寺

佛教寺庙

4 见44页地图，F1

从京都站向北步行一小段路就来到了东本愿寺。这里的一切都极为华丽。它距离车站很近，免门票，还有着巧夺天工的构造和光彩夺目的内饰，是车站附近不可错过的景点。寺院主体结构是雄伟的大殿御影堂（Goei-dō），据说这是日本第二大木结构建筑，高38米、长76米、宽58米。[東本願寺，Higashi Hongan-ji；下京区烏丸通七条上ル（Karasuma-dōri，Shichijō-agaru）；信息中心租用语音导览¥500；3月至10月 5:50~17:30，11月至次年2月6:20~16:30；京都站]

梅小路蒸汽机车馆/京都铁路博物馆

西本愿寺

佛教寺庙

5 见44页地图，D1

这个庞大的寺庙群位于京都站西北方，从京都站步行约15分钟即可到达。它由5座建筑组成，其中一部分还是安土桃山时期（1568~1600年）日本建筑和艺术成就的杰出代表。大殿**御影堂**（Goei-dō）是一处不可思议的景点。另一处必看的景点是**大书院**（Daisho-in），拥有美轮美奂的彩绘、雕刻和金属装饰。与大书院相连的是一座小花园和两座能剧（nō）舞台。令人眼花缭乱的**唐门**（Kara-mon）装饰着繁复的雕花。[西本願寺，Nishi Hongan-ji；下京区堀川通花屋町下ル（Horikawa-dōri, Hanayachō-sagaru）；门票免费；11月至次年2月 5:30~17:00，3月、4月、9月和10月至17:30，5月至8月 至18:00；京都站]

梅小路蒸汽机车馆/京都铁路博物馆

博物馆

6 见44页地图，A2

梅小路蒸汽机车馆在2016年大规模扩建，重新开业时更名为京都铁路博物馆。这个馆藏丰富的博物馆有三层展厅，展示了53列火车，包括室外扇形车库中的老式蒸汽火车头、通勤火车以及1964年建造的第一列新干线等。孩子们都喜欢互动展示，火车缩微模型沿立体铁轨快速穿越丰富的景观也会令小家伙们印象深刻。你还可以亲身乘坐一列冒着蒸

独家贴士

坐火车时品尝小吃

Porta是位于京都站北端地下的商场，这里挤满了各种外卖店铺和小吃店。若因赶火车而没时间吃饭，不妨买一些带上。

汽、呜呜响的火车，时长10分钟。[梅小路蒸気機関車館; www.kyotorailwaymuseum.jp; 下京区観喜寺町（Kankiji-chō）; 成人/儿童 ¥1200/200，乘坐火车 ¥300/100; ⏲10:00~17:30，周三闭馆; 🚌从京都站乘京都市内公共汽车103、104、105路至梅小路公园前（Umekō-ji Kōen-mae）]

京都塔

知名建筑

7 👁 见44页地图，F2

位于京都站乌丸口（Karasuma；北口）的这座复古塔楼好似一枚安放在京都塔酒店（Kyoto Tower Hotel）之上的火箭。京都塔是眺望京都的理想场所，在这里你可以直观地看到京都盆地，也有助于初来乍到的你快速获得对这座城市的方向感。京都塔内有供游人免费使用的双筒望远镜，还有一个很酷的触摸屏，可以展示日间和夜间的不同景色。[京都タワー, Kyoto Tower; 下京区烏丸通七条下ル（Karasuma-dōri, Shichijō-sagaru）; 门票 ¥770; ⏲9:00~21:00，最后登塔时间20:40; 🚉京都站]

涉成园

庭园

8 👁 见44页地图，G1

从东本愿寺向东步行约5分钟即可到达涉成园，这座庭园堪称混凝土建筑中的宁静绿洲。虽然难以与京都其他庭园媲美，但如果你想在京都站附近找点事做，不妨到这里看看，还可以顺便逛逛东本愿寺。漂亮的庭园建于1657年，其中坐落着**枳壳邸**（Kikoku-tei）。[涉成園, Shōsei-en; ☎075-371-9210; 下京区烏丸通塩小路下ル（Karasuma-dōri, Shichijō-sagaru）; 门票 ¥500; ⏲3月至10月 9:00~17:00，11月至次年2月 至16:00; 🚉京都站]

就餐

京都拉面小路

拉面 ¥

9 🍴 见44页地图，F3

如果喜欢吃面，那么千万别错过汇集着9家拉面馆的京都站大楼10楼（在西侧，从大厅乘自动扶梯或在JR伊势丹南侧乘直梯）。先在机器（有英语界面和图片）上买了票再去排队。[京都拉麺小路, Kyoto Rāmen Kōji; ☎075-361-4401; www.kyoto-ramen-koji.com; 下京区烏丸通塩小路下ル（Karasuma-dōri, Shiokōji-sagaru）京都站大楼10楼; 拉面 ¥730~1150; ⏲11:00~22:00; 🚉京都站]

Eat Paradise

日本料理 ¥

10 🍴 见44页地图，F3

在京都站大楼的11楼有多家相当不

错的餐厅。**和幸**（Tonkatsu Wako）的面包屑炸猪排、**天一**（Tenichi）的美味天妇罗以及**和九传**（Wakuden）价格亲民的怀石料理等都值得一试。[イートパラダイス; ☎075-352-1111; 下京区烏丸通塩小路下ル（Karasuma-dōri, Shiokōji-sagaru）京都站大楼11楼; ⏲11:00~22:00; 📋; 🚉京都站]

Cube
日本料理 ¥

11 见44页地图，F3

京都站大楼的11楼有许多餐厅，其中多数供应日本料理。乘自动扶梯到11楼后，你会看到这个美食广场就在你的左手边。[ザキューブ; ☎075-371-2134; 下京区烏丸通塩小路下ル（Karasuma-dōri, Shiokōji-sagaru）京都站大楼11楼; ⏲11:00~22:00; 📋; 🚉京都站]

饮品

Vermillion Espresso Bar
咖啡馆

12 见44页地图，H5

这家咖啡馆的灵感来自墨尔本，名字（意即朱红色）则取自附近伏见稻荷大社鸟居的颜色。这里供应出色的咖啡以及几种蛋糕。咖啡馆位于主干道旁，距稻荷站几步之遥。[バーミリオン; 伏見区深草稲荷御前町（Fukakusa-inari, Onmae-chō）85; ⏲周一至周三和周五 10:00~17:30，周六和周日 9:00~17:30; 🚉JR奈良线至稻荷]

购物

Bic Camera
电子产品

13 见44页地图，E3

这家大型商店经由西洞院（Nishino-tōin）的大门直接与京都站相连；你也可以从车站北（乌丸）门出去，向西走就到了该店铺的入口。这里琳琅满目的商品定会令你大开眼界。购买商品时，一定要确保产品带有英文或中文说明书。[ビックカメラ; ☎075-353-1111; 下京区東塩小路町（Higashi Shiokōji-chō）927; ⏲10:00~21:00; 🚉京都站]

当地生活

京都酿造株式会社

京都许多啤酒酒吧里都供应京都酿造株式会社的啤酒，但还是值得专程去一趟这家不设座席的**品酒室**[京都醸造株式会社; ☎075-574-7820; kyotobrewing.com; 南区西九条高畠町（Nishikujō, Takahatacho）25-1; 啤酒 ¥600起; 🚉近铁线至十条]，在京都南部的友好氛围中品尝啤酒。可以一边品尝6种精选啤酒（包括一些限量款），一边看看酒厂内的大桶。夏季大多数周末13:00~18:00都开放；可登录网站了解详情。

独家贴士

最后一分钟买礼物

雅致的**伊势丹百货**[Isetan, ジェイアール京都伊勢丹; ✆075-352-1111; 下京区烏丸通塩小路下ル(Karasuma-dōri, Shiokōji-sagaru), 京都站大楼; ⏲10:00~20:00; 🚉京都站]就在京都站大楼内，是乘火车去机场前抓紧时间购买纪念品的好地方。别错过出售食品的B1层和B2层。

友都八喜

电子产品

14 🛍 见44页地图，F2

这家大型商店出售各种电子产品、照相机和电脑产品，有一层楼全都是餐厅，此外还有人气平价服装店优衣库、超市、书店和咖啡馆等。从京都站往北走几分钟即可到达。[ヨドバシカメラ, Yodobashi Camera; ✆075-351-1010; 下京区東塩小路町(Higashi Shiokōji-chō)590-2; ⏲9:30~22:00; 🚉京都站]

弘法市场

市场

15 🛍 见44页地图，B5

每月举办一次的市场，用以纪念823年就任东寺住持的弘法大师(Kōbō Daishi)的忌辰。如果你对二手和服、陶器、小摆设、植物、工具和其他日本商品感兴趣，来这里就对了。[Kōbō-san Market, 弘法さん, 東寺露天市; 南区東寺九条町(Tō-ji, Kujō-chō)1; ⏲每月21日的清晨至黄昏; 🚉近铁线至东寺]

弘法市场待售的盘子

探索

京都市中心

如果你对京都之行的兴趣全都在享用美味佳肴、痛饮清酒和精酿啤酒、逛精品店以及住最好的日式旅馆上，那么京都市中心一定会令你流连忘返。同时这里文化气息浓郁，景色怡人，著名景点二条城、锦市场都在此地，还有一些小型寺庙、神社和博物馆。

一日游行程

在站立式咖啡馆**Weekenders Coffee富小路**（见68页）喝杯由经验老到的咖啡师煮制的咖啡，之后逛逛**锦市场**（见54页）的食品摊档购买美味佳肴。接着在**Kyoto Design House**（见72页）、**象彦**（见70页）、**一保堂茶铺**（见70页）等商店买些精致的礼品和纪念品。饿了的话，直奔**吉川**（见66页），品尝堪称京都最佳的天妇罗。

花大半个下午游览**二条城**（见56页），踩踩吱呀作响的地板，然后回到主商业区，在**高岛屋**（见72页）和**Tokyu Hands**（见73页）等百货商店逛个够。

想在**露庵菊乃井**（见66页）吃怀石料理晚餐的话，一定要提前预订，入夜后漫步到悬挂灯笼的**先斗町**（见64页），再到**Sama Sama**（见68页）喝上一两杯鸡尾酒，或者去**Bungalow**（见68页）品尝精酿啤酒。

想体验京都市中心当地人的一天，见58页；想体验京都市中心当地人的一晚，见60页。

顶级景点

锦市场（见54页）

二条城（见56页）

当地生活

购物一下午（见58页）

痛快玩一晚（见60页）

京都最佳

就餐

本家尾张屋（见65页）

吉川（见66页）

露庵菊乃井（见66页）

京极Kaneyo鳗鱼饭（见67页）

一风堂（见67页）

购物

有次（见70页）

象彦（见70页）

一保堂茶铺（见70页）

高岛屋（见72页）

Wagami no Mise（见72页）

到达和离开

S 地铁 乌丸线（Karasuma Line）经停四条（Shijō）。

火车 阪急线（Hankyū Line）经停乌丸或河原町（Kawaramachi）。

顶级景点

锦市场

锦市场（Nishiki Ichiba）是京都的亮点之一，如果你对烹饪和美食感兴趣，来这里更会觉得不虚此行。锦市场通常被当地人称为“京都的厨房”，京都多数高档餐厅和富裕阶层都会到这里采购食材，这里也是见识京都菜系中各种奇妙且精致的美食的好去处。

錦市場

见62页地图，F3

中京区錦小路通（Nishikikō-ji-dōri），寺町和高倉之间

9:00~17:00

S 乌丸线至四条，阪急线至乌丸或河原町

锦市场的渍物

历史

锦市场是有顶棚的步行商业街，位于京都市中心四条通（Shijō-dōri）以北一个街区处，西侧通往寺町（Teramachi）商业街，东侧则与高仓通（Takakura-dōri）相连，一直延伸到大丸百货后面。据说早在14世纪，这里便有许多店铺，在江户时代（1603~1868年）则以水产批发著称。江户时代结束后，随着日本步入现代，锦市场逐渐成为零售市场，直至今日。

商品

市场主打当地出产的日本食材，如渍物（tsukemono）、茶、豆类、稻米、海苔和鱼类（如果你懂日语又知道地方，就能看到鲸鱼肉）等。近年来，市场已由当地食品专卖地发展为旅游景点，因此你还会在食品摊贩间看到几家销售京都纪念品的店铺。

购物亮点

一家名为有次（见70页）的店里销售世间最精致的刀具。可以花点时间找找适合自己所需的刀子，再观看工匠小心翼翼地用巨大磨刀石将它开锋——成品的锋利程度会吓你一跳。

☑ 独家贴士

▶ 市场小道很窄，人多时可谓摩肩接踵，如果想避免拥挤，不妨一早或下午晚些时候前往。

▶ 有些商店不喜欢顾客拍照，在按下快门之前一定要有礼貌地询问。

吃喝落脚点

可以到市场南端的**池鹤果实**[池鶴果実，Iketsuru Kajitsu；中京区錦小路柳馬場東入ル（Nishikikōji-dōri, Yanaginobanba higashi-iru）；果汁 ¥450；⏲10:00~18:00；S 乌丸线至四条，🚆阪急线至乌丸或河原町]喝鲜榨果汁。

一风堂（见67页）距市场仅几步之遥，供应京都最好吃的拉面，值得排队等位。

顶级景点

二条城

二条城（Nijō-jō）是曾统治日本几百年的将军的行辕，象征着幕府的实力。它屹立在京都御所附近，像是对天皇权力的直接挑战。这个景点格外迷人，有绝佳的（足以与洛可可风格相媲美的）内部装饰，院落中还有开阔的庭园，是理想的漫步场所。

见62页地图，B1

中京区二条通堀川西入二条城町（Nijō-dōri, Horikawa nishi-iru, Nijōjō-chō）541

成人/儿童 ¥600/200

8:45~17:00，二之丸御殿9:00~16:00，1月、7月、8月和12月的周二关闭

S 东西线（Tōzai Line）至二条城前（Nijō-jō-mae），JR线至二条（Nijō）

二条城正门的手工雕刻装饰

背景

1868年，德川幕府末代将军德川庆喜（Tokugawa Yoshinobu）在二条城内将权力归还实施维新不久的明治天皇。

二条城的所在地在8世纪曾是御所，后来在1227年被废弃。城堡建于1603年，是德川幕府初代将军德川家康的居所。为防止反叛，二条城内的走廊铺设有“莺鸣”地板（由地板发出的吱吱呀呀声音即可判断是否有人进入），另设隐蔽的哨所，时刻观察以备不测。

神泉苑（Shinsen-en）就在城堡以南，是原来宫殿遗留下的庭园，内有几座小神社和一个水池。

亮点

桃山时代的**唐门**（Kara-mon）原是丰臣秀吉在京都南部修筑的伏见城（Fushimi-jō）的一部分，装饰华丽，展现了精湛的木雕和金属雕刻工艺。穿过唐门便进入**二之丸御殿**（Ninomaru palace），由5栋建筑组成，每栋内都有数量众多的房间。过去只有高级官员才能进入这里。**大广间四之间**（Ōhiroma Yon-no-Ma）的屏风上有引人入胜的画作。

毗邻的**本丸御殿**（Honmaru palace）的历史可追溯至19世纪中期。它在1868年明治维新之后成为皇室专属御所，直到1939年才归还给京都市。不过目前只在秋季适合赏景的时节才会开放。

内城建筑周围的**清流园**（Seiryu-en）是必看景点。另外，二之丸庭园由日本最著名的庭园设计师小堀远州（Kobori Enshū）设计，如今打理得井井有条。二之丸御殿和庭园可花1小时游览。景点内提供详细的英文说明资料。

独家贴士

- 所有外国游客与日本本国游客团队游的行程都包括二条城，所以这里会人满为患。如果喜欢安静，可以一大早或下午晚些时候游览。
- 花¥500租用语音导览，可以更深入了解二条城。

吃喝落脚点

在Cafe Phalam（见67页）品尝自制素食汉堡、纯素蛋糕以及好喝的咖啡。

当地生活
购物一下午

这一地区是京都消费主义盛行的核心地带，当地人常常冲着那些顶级精品店和百货商店而来，或是为了去锦市场挑选美味的食材，还会在这里吃一顿简单的午餐或喝一杯咖啡。

❶ 锦市场

早点儿来可以避开拥挤的人群，这个美妙的市场（见54页）供应京都料理所需的各种食材。在摊贩间穿梭或钻进香料店都会让你大开眼界。不妨再买些小吃打包带走。

❷ 大丸百货

大丸百货[Daimaru；☎075-211-8111；下京区四条通高倉西入立売西町（Shijōdōri, Takakura nishi-iru, Tachiuri Nishi-machi）79；🕙10:00~20:00，餐厅 11:00~21:00；Ⓢ乌丸线至四条，🚉阪急线至乌丸]也许是最知名的百货商店，你很可能会在店里逛几个小时。不过大多数时间可能都会耗在地下一层，光是在当地人购买便当、甜品、天妇罗和寿司的美食柜台间兜来转去就能大饱眼福。

❸ Tagoto Honten

想要歇歇脚的话，可以到高岛屋（Takashimaya）对面的**Tagoto Honten**[田ごと本店；☎075-221-1811；www.kyoto-tagoto.co.jp；下京区四条通河原町西入ル御旅町（Shijō-dōri, Kawaramachi nishi-iru, Otabi-chō）34；午餐/晚餐 ¥1850/4000起；⏲11:00~20:30；📋；🚉京阪线（Keihan Line）至四条，阪急线至河原町]，逛饿了的人们都会到这儿吃东西。这里供应平价的怀石料理，就餐环境优美安静，足以使你忘却大街上的喧嚣。记得留点肚子吃甜点。

❹ Mina

Mina[ミーナ京都；☎075-222-8470；中京区河原町通四条上ル（Kawaramachi-dōri, Shijō-agaru）；⏲11:00~21:00；Ⓢ东西线至京都市役所前（Kyoto-Shinyakusho-mae），🚉京阪线至祇园四条（Gion-Shijō），阪急线至河原町]拥有更多购物选择，日本两大人气连锁店在这里都有分店：已经拓展到海外的平价服饰品牌优衣库，以及出售各种小玩意儿和礼品的时髦百货商店Loft。可以花些时间逐个楼层转转，看看陶瓷、文具、时装、家居用品等五花八门的商品。

❺ Karafuneya Coffee Sanjō Honten

但愿之前的怀石料理没有让你吃得太撑。**Karafuneya Coffee Sanjō Honten**[からふねや珈琲三条本店；☎075-254-8774；中京区河原町通三条下ル大黒町（Kawaramachi-dōri, Sanjō-sagaru, Daikoku-chō）39；冰激凌 ¥690起；⏲9:00~23:00；📋；Ⓢ东西线至京都市役所前，🚉京阪线至三条（Sanjō）]的简餐和咖啡是当地人的最爱，但真正诱人的要数口味丰富的圣代冰激凌。可以点抹茶（matcha）或红豆（azuki）配芝麻口味。

❻ 嘉木

多走走以便消化甜品，再前往漂亮的茶室**嘉木**[喫茶室嘉木，Kaboku；中京区寺町通二条上ル（Teramachi-dōri, Nijō-agaru）；茶 ¥600起；⏲10:00~18:00；Ⓢ东西线至京都市役所前]喝杯茶提神。这里可供选择的绿茶种类很多，包括高品质的抹茶、煎茶（sencha）和玄米茶（genmaicha）等。你可以在柜台处观看抹茶的冲泡过程。

当地生活
痛快玩一晚

尽管先斗町和木屋町通一带在夜间有大量游客，但这里仍是当地人晚间玩乐的常去之处——隐秘的酒吧、经典的怀石料理餐馆、鸭川岸边的休闲场所、人气爆棚的夜店等，应有尽有。

❶ 月饼屋直正

先沿先斗町（见64页）走走，走到尽头去位于木屋町通的这家古雅的老字号甜品店（月餅屋直正，Tsukimochiya Naomasa）。商店18:00关门，所以要早点儿赶到，挑一个好吃的甜品。留着选好的甜品到鸭川（Kamo-gawa）河畔，当作晚餐后的点心。

❷ Tadg's Gastro Pub

继续前行，木屋町通这一段非常漂亮，在深受当地人与外籍人士欢迎的**Tadg's Gastro Pub**[ダイグ ガストロパブ；☎075-213-0214；tadgs.com；中京区樵木町（Kamikori-ki-chō）498号1楼；饮品 约

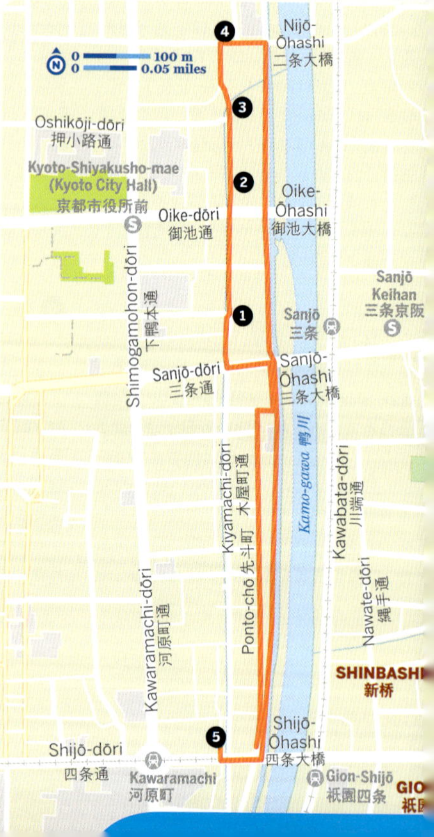

¥500起；⏲11:00~23:00；📶；Ⓢ东西线至京都市役所前]一边畅饮日本精酿啤酒一边欣赏景色再合适不过了。这里的酒吧美食非常诱人，但还是要忍一忍，附近有个特别的晚餐选择。

❸ 木屋町樱川

距Tadg's Gastro Pub几步之遥的优雅餐馆**木屋町樱川**[木屋町櫻川，Kiyamachi Sakuragawa；☎075-255-4477；中京区木屋町通二条下る(Kiyamachi-dōri, Nijō-sagaru)；午餐/晚餐套餐 ¥5000/10,000起；⏲11:30~14:00和17:00~21:00，周日歇业；Ⓢ东西线至京都市役所前]是品尝怀石料理的好去处。服务热情周到，菜肴可口，摆盘就像是艺术品。

❹ Bar K6

晚餐后还想喝几杯的话，可以去附近氛围同样高雅精致的**Bar K6**[バーK 6；☎075-255-5009；中京区二条通木屋町東入ル(Nijō-dōri, Kiyamachi higashi-iru) Le Valls大楼2楼；饮品 ¥800起；⏲18:00至次日3:00，周五和周六 至次日5:00；Ⓢ东西线至京都市役所前，🚉京阪线至神宫丸太町(Jingu-Marutamachi)]。这家酒吧隐藏在木屋町通远端一栋建筑的2楼，常有当地人光顾品尝这里煽情的鸡尾酒和高端威士忌。喝过几杯之后，你可以继续走走来消食。

❺ World

沿着鸭川岸边继续漫步，在草地上休憩，把之前买好的甜品当作餐后点心。然后回到木屋町通的起点，开始整夜狂欢，在京都最受欢迎的夜店**World**[ワールドピースラブ；☎075-213-4119；world-kyoto.com；下京区西木屋町四条上ル真町(Nishikiyamachi, Shijō-agaru, Shin-chō) 97 Imagium大楼地下层；门票 ¥2500~3000，饮品 ¥600起；⏲20:00至深夜；🚉阪急线至河原町]与当地人、游客、侨居此地的外籍人士一起尽情热舞。

A
B
C
D
1
2
3
4
5
Nijō-jō
二条城
Senbon-dōri 千本通
11
Shinsen'en
神泉苑
Oike-dōri 御池通
Nijō-jō-mae
二条城前
Aburanokōji-dōri
油小路通
Ogawa-dōri 小川通
Shinmachi-dōri
NAKAGYŌ-KU
中京区
Horikawa-dōri
堀川通
Kamaza-dōri
釜座通
Shinmachi-dōri
Aneyakōji-dōri 姉小路通
Sanjō-dōri 三条通
Rokkaku-dōri
六角通
Koin-dōri 後院通
Takoyakushi-dōri
蛸薬師通
Nishikikōji-dōri
錦小路通
Ōmiya
大宮
13
Shijō-Ōmiya
四条大宮
Mibu-dōri 壬生通
Omiya-dōri 大宮通
Kuromon-dōri 黒門通
Horikawa-dōri
堀川通
Bukkōji-dōri
仏光寺通
Nishinotōin-dōri
西洞院通
Takatsuji-dōri 高辻通
0 200 m
0 0.1 miles
详细介绍请见
顶级景点 54页
景点 64页
就餐 65页
饮品 68页
娱乐 70页
购物 70页

E
F
G
H
1
2
3
4
5
Muromachi-dōri 室町通
Ryogaemachi-dōri 両替町通
Karasuma-dōri 烏丸通
Kurumayachō-dōri 車屋町通
Higashinotoin-dōri 東洞院通
Ainomachi-dōri 間之町通
Sakaimachi-dōri 堺町通
Nijō-dōri 二条通
Oshikōji-dōri 押小路通
Teramachi-dōri 寺町通
Shimogamohon-dōri 下鴨本通
Nijō-Ōhashi 二条大橋
Kamo-gawa 鴨川
Oike-Ōhashi 御池大橋
1 Kyoto International Manga Museum 京都国际漫画博物馆
Karasuma-Oike
Oike-dōri 御池通
Kyoto-Shiyakusho-mae (Kyoto City Hall) 京都市役所前
Aneyakōji-dōri 姉小路通
3 Museum of Kyoto 京都文化博物馆
Yanaginobanba-dōri 柳馬場通
Tominokōji-dōri 富小路通
Fuyachō-dōri 麩屋町通
Sanjō-dōri 三条通
Sanjō-Ōhashi 三条大橋
Rokkaku-dōri 六角通
Takakura-dōri 高倉通
Takoyakushi-dōri
Kiyamachi-dōri 木屋町通
Ponto-chō 先斗町
2 Ponto-chō 先斗町
Nishikikōji-dōri 錦小路通
Nishiki Market 锦市场
Shijō-dōri 四条通
Karasuma 烏丸
Shijō 四条
Kawaramachi 河原町
Shijō-Ōhashi 四条大橋
Ayakōji-dōri 綾小路通
Bukkōji-dōri 仏光寺通
Takatsuji-dōri 高辻通
Matsubara-dōri 松原通
Gokomachi-dōri 御幸町通
Kawaramachi-dōri 河原町通
Takase-gawa 高瀬川
Kawabata-dōri 川端通
Miyagawachō-dōri 宮川町通
4 5 6 7 8 9 10 12 14 15 16 17 18 19 20 21 22 23 24 25 26 27

景点

京都国际漫画博物馆

博物馆

1 见62页地图，E2

这座博物馆位于一座过去的小学教学楼内，是了解日本漫画艺术的绝佳场所。馆内藏有30多万册日本漫画书，Wall of Manga展出了其中的5万册。虽然大部分漫画和展品都是日文的，但漫画作品的译本也日益增多。馆内除了设有漫画历史发展和漫画风格的原创艺术品展区外，在周末还会筹办初学者工坊并开展人像素描活动。[京都国際マンガミュージアム，Kyoto International Manga Museum；www.kyotomm.jp/english；中京区烏丸通御池上ル（Karasuma-dōri, Oike-agaru）；门票成人/儿童 ¥800/100；⏲10:00~18:00，周三闭馆；S乌丸线或东西线至乌丸御池（Karasuma-Oike）]

> **当地生活**
>
> **有马旬菜天妇罗**
>
> 天妇罗是日本最有特色的食物之一，**有马旬菜天妇罗**[旬菜天ぷら有馬，Shunsai Tempura；☎075-344-0111；下京區室町通高辻上ル山王町（Muromachi-dōri, Takatsuji-agaru, Sannochō）572；午餐/晚餐套餐¥1000/4750起；⏲11:30~14:00和17:30~22:30，周四歇业；📋；S乌丸线至四条]就是个品尝天妇罗的好地方。这家家庭经营的市区餐馆氛围友好，面积小，但给人一种宾至如归的感觉。英文菜单和套餐让你在点菜时不会感到苦恼。餐馆在街角处，门口有个英文小招牌。

先斗町

街区

2 见62页地图，H3

就气氛而言，这条狭窄的步行街在亚洲数一数二。白天没什么可看的，但到了晚上这条街就会热闹起来。街边挂着美丽的灯笼，还有传统的木雕饰品。优雅的京都人纷纷走入老字号餐馆和酒吧。[先斗町，Ponto-chō；中京区先斗町（Ponto-chō）；S东西线至三条京阪（Sanjo-Keihan）或京都市役所前，🚉京阪线至三条，阪急线至河原町]

京都文化博物馆

博物馆

3 见62页地图，F2

特展值得一看（常规展品没多大意思，也没多少英文介绍）。位于一层的Roji Tempō是一处复原的江户时代商业区（该展区可免费进入；一些店铺出售日本纪念品和当地餐食）。通过Kyoto Visitor's Guide的网站（www.kyotoguide.com）查询最新的特展信息。[京都文化博物館；☎075-222-0888；www.bunpaku.or.jp；中京区高倉通三条上ル（Takakura-dōri, Sanjō-agaru）；门票 ¥500，特展另收费；⏲10:00~19:30，周一闭馆；S乌丸线或东西线至乌丸御池]

京都国际漫画博物馆中的火鸟（Hi no Tori，源于手塚治虫的漫画作品）雕塑

就餐

Café Bibliotec Hello!

咖啡馆 ¥

4 见62页地图，F1

顾名思义，这家咖啡馆的墙上摆满了书。它位于一个翻建的町屋（machiya）内，在当地人与游客中都备受欢迎。这里适合一边看书、摆弄笔记本电脑一边喝咖啡，也可以在这儿吃顿简餐。看到门口巨大的香蕉树就是了。[カフェビブリオティックハロー！；☎075-231-8625；中京区二条柳馬場東入ル晴明町（Nijō-dōri, Yanaginobanba higashi-iru, Seimei-chō）650；餐 ¥1000起，咖啡 ¥450；⏰11:30至午夜；📶 🍴；Ⓢ东西线至京都市役所前]

本家尾张屋

荞麦面 ¥

5 见62页地图，E1

餐馆位于一条安静小巷旁的传统日式建筑里，同时外面也有和果子出售，这里供应的出色荞麦面深受当地食客喜爱。强烈推荐宝来荞麦（hourai soba，¥2160），这种套餐含5小碟荞麦面，配香菇、炸虾天妇罗、煎蛋薄片和芝麻等精选浇头。[本家尾張屋，Honke Owariya；☎075-231-3446；www.honke-owariya.co.jp；中京区二条車屋町（Nijō, Kurumaya-chō）322；荞麦面 ¥760起；⏰11:00~19:00；🍴；Ⓢ乌丸线或东西线至乌丸御池]

当地生活

素食

Biotei[びお亭；075-255-0086；中京区三条通東洞院西入ル梅忠町(Sanjō-dōri, Higashinotōin nishi-iru, Umetada-chō) 28 M&I大楼2楼；套餐 午餐/晚餐 ¥840/1300起；午餐 周日至周五 11:30~14:00，晚餐 周二、周四、周五和周六17:00~20:30；S东西线或乌丸线至乌丸御池]是京都素食者的最爱，每天都有不同的日式素食套餐，如炸豆腐和海苔沙拉配米饭、味噌汤和渍物等。座位很拥挤，但食物美味，卖相漂亮，而且原料是精挑细选的，品质优良。

如果Biotei客满，可以到**mumokuteki cafe**[ムモクテキカフェ；075-213-7733；www.mumokuteki.com；中京区御幸町通六角下ル伊勢屋町(Gokomachi-dōri, Rokkaku-sagaru, Iseya-chō) 351 Human Forum大楼2楼；餐 ¥1000起；11:30~22:00；阪急线至河原町]碰碰运气，这个位于一家店铺楼上的素食餐吧简直就是许多京都素食者的大救星。食物美味，花样多，环境悠闲。豆腐牛油果汉堡配鲜榨蔬菜汁值得品尝。大多数是素食，但菜单上也有明确注明的非素食。

吉川

天妇罗 ¥¥¥

6 见62页地图，G2

这里是品尝美味天妇罗的好地方。餐馆由吉川(Yoshikawa)日式旅馆经营，你可以坐在桌旁享用美食，但坐在小吧台周围边吃边看厨师工作更有趣。餐馆位于御池通(Oike-dōri)附近一所精美的传统日式建筑内。榻榻米房间需要提前预约，周日通常很难在这里找到座位。[075-221-5544；www.kyoto-yoshikawa.co.jp；中京区富小路通り御池下ル松下町(Tominokōji, Oike-sagaru, Matsushita-chō) 135；午餐 ¥3000~25,000，晚餐 ¥8000~25,000；11:00~14:00和17:00~20:30；S东西线至乌丸御池或京都市役所前]

露庵菊乃井

怀石料理 ¥¥¥

7 见62页地图，H4

这家餐馆是品尝怀石料理的好地方，整洁、幽静，就在市中心。厨师经验丰富，有独创的怀石料理技艺，给人以视觉和味觉的双重享受，强烈推荐。建议通过你的酒店或日式旅馆预订。[Roan Kikunoi；075-361-5580；www.kikunoi.jp；下京区木屋町通四条下る斉藤町(Kiyamachi-dōri, Shijō-sagaru, Saito-chō) 118；午餐/晚餐 ¥4000/13,000起；11:30~13:30和17:00~20:30；阪急线至河原町，京阪线至祇园四条]

京极Kaneyo鳗鱼饭

日本料理 ¥

8 见62页地图，G3

这里是品尝鳗鱼（unagi）饭的好地方。坐在楼下能看到瀑布景色，楼上则有榻榻米。大碗盖饭定食（kane-yo donburi set，鳗鱼盖饭，¥1400）物美价廉。看到门外装有活鳗鱼的桶和木质门廊就找到这家店了。[京極かねよ，Kyōgoku Kane-yo；075-221-0669；中京区六角通新京極東入松ヶ枝町（Rokkaku，Shin-kyōgoku higashi-iru，Matsugaechō）456；鳗鱼盖饭¥1400起；11:30~21:00；；S东西线至京都市役所前]

一风堂

拉面 ¥

9 见62页地图，F4

午餐时段这家拉面馆门口总是排着长队，原因很简单：拉面好吃，而一口一个的中式饺子（gyōza）更是令人垂涎三尺。¥750或¥850的饺子套餐（价格不同是因为有不同的拉面可供选择）十分超值。拉面馆位于锦小路通（Nishikikōji-dōri），隔壁是邮局，斜对面是星巴克。[一風堂，Ippūdō；075-213-8800；中京区東洞院錦小路東入ル（Higashinotō-in，Nishikikōji higashi-iru）；拉面 ¥750~950；11:00至次日2:00；；S乌丸线至四条]

三嶋亭

日本料理 ¥¥¥

10 见62页地图，G3

这家餐馆的寿喜烧好吃不贵，肉质鲜嫩，令人禁不住怀疑楼下就是肉铺。餐馆位于三条商店街和寺町商店街的十字路口。得注意一点：需要你的酒店代为预订，因为这里不接受没有日本电话号码的预订。[Mishima-tei；075-221-0003；中京区寺町三条下ル桜之町（Teramachi-dōri，Sanjō-sagaru，Sakurano-chō）405；寿喜烧 午餐/晚餐 ¥7130/13,670起；11:30~21:00；；S东西线至京都市役所前]

Cafe Phalam

咖啡馆 ¥

11 见62页地图，A2

这家温馨的咖啡馆距二条城几步之遥，是个吃午饭的好地方，主打素食和纯素家常菜肴，如素食汉堡配沙拉和纯素

独家贴士

便宜餐食

Musashi Sushi[寿しのむさし；075-222-0634；中京区河原町通三条上る（Kawaramachi-dōri，Sanjō-agaru）；每盘 ¥146；11:00~22:00；；S东西线至京都市役所前，京阪线至三条]多数菜肴仅售¥146。这儿的寿司算不上全世界最好吃的，但是价格便宜，菜品质量可靠。没错，在这儿吃饭很轻松，看传送带上哪盘好吃就拿哪盘。如果没看到想吃的，还可以从英文菜单上点菜。餐馆就在三条会商店街入口外，留意有寿司传送带模型的橱窗。

蛋糕等。品质不凡的咖啡用非洲和南美的咖啡豆煮制，以大杯供应，另有很多玩具深得孩子们欢心。咖啡馆就在Lawson便利店附近。[カフェパラン; ☎075-496-4843; 中京区西ノ京北聖町(Nishinokyo, Hokusei-chō) 24 新二条大楼(hin Nijyo Bldg); 蛋糕/餐 ¥350/700起; ⏰周一至周五 9:00~20:00，周六和周日 至19:00; 📶 ✎ 📋; Ⓢ东西线至二条城前，🚉JR线至二条站]

锦Warai

御好烧 ¥

12 见62页地图，F3

这家餐馆环境悠闲，是品尝御好烧(okonomiyaki，关西风味煎饼)的好地方。店内有点烟雾蒙蒙的，但不乏乐趣。点好御好烧之后，厨师就在你餐桌的烤盘上制作。餐馆位于锦市场西侧约20米处，窗户上有英文招牌。[錦わらい, Nishiki Warai; ☎075-257-5966; www.nishikiwarai.com; 中京区錦小路通高倉西入西魚屋町(Nishikikōji-dōri, Takakura nishi-iru, Nishiuoya-chō) 597, Mizukōto大楼1楼; 御好烧 ¥700起; ⏰11:30至午夜; 📋; Ⓢ乌丸线至四条，🚉阪急线至乌丸]

饮品

Bungalow

精酿啤酒

13 见62页地图，C4

占据两个楼层、采用工业风装饰的Bungalow供应种类繁多的日本精酿啤酒，酒单常换，不过通常有来自日本各地的10种啤酒，如来自静冈县的Baird Brewery Scotch艾尔啤酒、带有桃子味的大阪箕面啤酒Weizen等不一而足。这里还供应出色的食物，多数使用有机食材。[バンガロー; ☎075-256-8205; www.bungalow.jp; 下京区四条通(Shijō-dōri); ⏰周二至周六 15:00至次日2:00，周日 正午至23:00; 🚉京都本线大宫(Ōmiya)]

Sama Sama

酒吧

14 见62页地图，H2

这家印度尼西亚人经营的酒吧很像那种地中海的夜店。你可以坐在柜台边，也可以像在家里那样坐在地板的大垫子上享用各种饮品。饮品种类繁多，菜肴包括马来炒饭(nasi goreng; ¥800)等印尼经典菜式。酒吧位于三条通北侧的小巷深处，巷口有招牌。[サマサマ; ☎075-241-4100; 中京区木屋町三条上る上大阪町(Kiyamachi, Sanjō-agaru, Kamiōsaka-chō) 532-16; 饮品 ¥600起; ⏰18:00至次日2:00，周一歇业; Ⓢ东西线至京都市役所前]

Weekenders Coffee富小路

咖啡

15 见62页地图，F3

这家咖啡吧没有座椅，位于京都市中心一处停车场后面。位置是够奇怪的，但这里的老板兼烘焙师金子将浩(Kaneko Masahiro)所煮制的咖啡却堪称京都最佳。[ウィークエンダーズ コーヒー; ☎075-746-2206; www.weekenderscoffee.com; 中京区骨屋之町(Honeyano-chō) 560; 咖啡

御好烧（见14页）

¥430起；⌚7:30~18:00，周三不营业；🚇阪急线至河原町]

Atlantis

酒吧

16 🍷 见62页地图，H3

这是先斗町为数不多的外国人在没有日本人陪同下就可进入的酒吧之一。这里很时尚，吸引着京都的俊男靓女及其追随者。夏季时可坐在室外平台俯瞰鸭川。[アトランティス；☎075-241-1621；中京区先斗町四条上ル松本町（Ponto-chō-Shijō-agaru，Matsumoto-chō，）161；⌚18:00至次日2:00，周日 至次日1:00；🚇阪急线至河原町]

Sake Bar Yoramu

酒吧

17 🍷 见62页地图，F1

这家酒吧与其老板同名，他是以色列人，也是清酒专家。如果你想了解清酒的来龙去脉，我们强烈建议你来这里。店面小，只能容纳几位客人。清酒品尝套餐含3杯清酒，价格约¥1600起。白天这里是Toru Soba荞麦面馆。[酒バーよらむ；☎075-213-1512；www.sakebar-yoramu.com；中京区二条通東洞院東入ル松屋町（Nijō-dōri，Higashinotoin，higashi-iru，Matsuya-chō）35-1；清酒品尝套餐 ¥1600起；⌚周三至周六 18:00至午夜；S乌丸线或东西线至乌丸御池]

娱乐

Kamogawa Odori 舞蹈

18 见62页地图，H3

这是每年5月1日至24日在先斗町的先斗町歌舞练场（Ponto-chō Kaburen-jō Theatre）由艺伎们上演的舞蹈演出。[鴨川をどり；075-221-2025；中京区先斗町三条下ル（Ponto-chō, Sanjō-sagaru）；普通座/特殊座/特殊座含茶水 ¥2300/4200/4800；表演 12:30、14:20和16:10；S 东西线至京都市役所前]

购物

有次 家居用品

19 见62页地图，G3

如果你在锦市场里，可以来这家店看看。店内有全世界最好的厨房刀具。选好自己心仪的刀具（多用型、寿司专用、蔬菜专用等），店员会在开锋和装盒前向你示范如何保养。还可以用英文或日文将自己的名字镌刻在刀具上。刀具售价约¥10,000起。[Aritsugu；075-221-1091；中京区錦小路御幸町西入鍛冶屋町（Nishikikōji-dōri, Gokomachi nishi-iru, Kajiya-chō）219；9:00~17:30；阪急线至河原町]

象彦 手工艺品

20 见62页地图，G1

要想在京都购买日本最精美的工艺品——漆器，这里是你的最好选择。如果你不知道这些优美的器物是如何制作的，那就必须来这儿看一看。店内出售各种茶杯、碗、盘子和多种多样的盒子。[Zōhiko；075-229-6625；www.zohiko.co.jp/english/；中京区寺町通二条上ル要法寺前町（Teramachi-dōri, Nijō-agaru, Yohojimae-chō）719-1；10:00~18:00；S 东西线至京都市役所前]

一保堂茶铺 茶叶

21 见62页地图，G1

这家老式茶叶店出售全京都最好的日本茶，每种茶配一份带有价格和介绍的英文说明。买这里的抹茶作纪念品，质量好又不沉。40克装售价¥500起。店铺在市政厅北侧的寺町通。隔壁还有个茶室嘉木（见59页；17:30后不接受点单）。[一保堂茶舗，Ippōdō Tea；075-211-3421；www.ippodo-tea.co.jp；中京区寺町通二条上ル（Teramachi-dōri, Nijō-agaru）；9:00~18:00；S 东西线至京都市役所前]

独家贴士

进口美食

三条通著名的美食超市**明治屋**[Meidi-ya；075-221-7661；中京区三条通河原町東入（Sanjō-dōri, Kawaramachi higashi-iru）；10:00~21:00；京阪线至三条]有花样繁多的进口美食，如果怀念最爱的故乡味道，不妨到这里找找看。还出售多种品质上乘的葡萄酒。

漆器

和纸（见18页）

高岛屋

百货商店

22 见62页地图，H4

作为京都的大型百货公司，从地下一层令人垂涎三尺的美食天地，到出售各种漆器和陶瓷制品的六楼，高岛屋本身就称得上一个旅游景点。一定别错过和服柜台！[高島屋，Takashimaya；075-221-8811；下京区四条河原町角（Shijō-Kawaramachi Kado）；10:00~20:00，餐厅 至21:30；阪急线至河原町]

Wagami no Mise

手工艺品

23 见62页地图，F5

出售各种质量上乘的和纸（washi，手工制作的日本纸），物美价廉，是挑选礼品和纪念品的理想场所。留意寻找店外日本森田和纸的标志。[倭紙の店；075-341-1419；下京区東洞院通仏光寺上ル扇酒屋町（Higashinotōin-dōri，Bukkōji-agaru，Ōgisakaya-chō）298，Kajinoha大楼1楼；周一至周五 9:30~17:30，周六 至16:30；乌丸线至四条]

丸善

书籍

京都最受喜爱的书店于2005年闭门歇业，在10年后的2015年终于重新营业。这家出色的书店占据BAL（27见62页地图，H3）百货商店的地下两层，地下二层有种类丰富的英文书籍，另有大量关于京都和日本的图书、日本文学精选、世界各地的杂志、旅行指南等。[Maruzen；中京区河原町三条下ル山崎町（Kawaramachi-sanjo sagaru，Yamazaki-chō，）251地下；11:00~21:00；阪急线至河原町]

Kyoto Design House

手工艺品

24 见62页地图，G2

安藤忠雄设计的俄（Nikawa）大楼与这家设计商店相得益彰，这里有大量融传统与现代于一体的手工艺品，多数出自京都当地艺术家的设计。商品从手工陶瓷和ohako糖果盒到产自西阵的漂亮的丝绸垫子等不一而足，是选购礼品和纪念品的最佳场所。[☎075-221-0200；www.kyoto-dh.com；中京区福長町（Fukanaga-chō）105，俄大楼1楼；⏰11:00~20:00；Ⓢ乌丸线或东西线至乌丸御池]

Tokyu Hands

百货商店

25 见62页地图，E4

Tokyu Hands的京都分店不如东京等分店商品齐全，但对于喜欢小物件和独特家居用品的人来说还是值得一逛的。这里也是个挑选礼品或纪念品的有趣场所，Hario的咖啡用具、漆制便当盒、Lomography的照相机、文具和化妆品等应有尽有。[東急ハンズ京都店；☎075-254-3109；kyoto.tokyu-hands.co.jp；下京区四条烏丸東入（Shijō-dōri，Karasuma higashi-iru）；⏰10:00~22:30；Ⓢ乌丸线至四条]

Tsujikura

手工艺品

26 见62页地图，H4

这家小店出售自17世纪以来便一直在坚持制作的漂亮和伞（蜡纸伞），颜色多样，有传统和现代的不同设计。店里还有少量野口勇（Isamu Noguchi）设计的著名Akari纸灯。商店位于四条与河原町交叉路口附近旅游信息中心所在建筑的7楼。[辻倉；☎075-221-4396；www.kyototsujikura.com；中京区河原町通四条上ル東側（Kawaramachi-dōri，Shijō-agaru higashi-gawa）Tsujikura大楼7楼；⏰11:00 -19.00，周二歇业；🚉阪急线至河原町]

BAL

百货商店

27 见62页地图，H3

时尚又漂亮的BAL百货商店可以满足你对高端时装的所有需求。你会发现赫尔穆特·朗（Helmut Lang）和黛安·冯·弗斯滕伯格（Diane von Furstenberg）等人设计的时装、Neal's Yard出品的植物护肤品，以及越来越受欢迎的无印良品。地下两层是庞大的丸善书店。[バル；www.bal-bldg.com/kyoto；中京区河原町通三条下ル山崎町（Kawaramachi-sanjo sagaru，Yamazaki-chō）251；⏰11:00~20:00；🚉阪急线至河原町]

当地生活

纸司柿本

纸司柿本[Kamiji Kakimoto；☎075-211-3481；中京区寺町通二条上ル常盤木町（Teramachi-dōri，Nijō-agaru，Tokiwagi-chō）54；⏰9:00~18:00；🚉阪急线至神宫丸太町]是在京都购买和纸（日本手工艺纸）的最佳选择之一。除了优质信纸和包装纸之外，这里还有罕见的和纸电脑打印纸和壁纸。留意店铺前悬挂的白色门帘。

探索

祇园和东山南部

沿着山脚延伸的东山南部是京都主要的观光区。这里有许多寺庙、神社、博物馆和传统店铺，还有步行街、公园和开阔的寺庙院落，非常适宜步行探索。此外，这里还拥有祇园娱乐区和京都最好的日式旅馆。

一日游行程

探索东山南部的第一站是京都顶级寺庙**清水寺**（见76页）。花点时间慢慢游览宏大的建筑群，将城市景观尽收眼底，之后沿**二年坂和三年坂**（见87页）漫步。顺道去**Kasagi-ya**（见88页）喝茶，享用甜品，再去参观美丽的**高台寺**（见85页）及庭园。午餐到**Omen Kodai-ji**（见87页）品尝好吃的面条。

下午先去**知恩院**（见78页）探索广阔的建筑群，然后到**青莲院**（见84）享受远离人群的宁静，欣赏不大但精美的庭园，再喝杯抹茶。接着漫步穿过**圆山公园**（见84页）到**八坂神社**（见84页）。

希望你之前已经预订了京都顶级的怀石料理餐厅**菊乃井**（见87页）。用餐后，随着夜幕降临，你可以前往**祇园**（见80页），沿着两旁挂着灯笼的街道漫步，有机会还可以一睹艺伎的风采。然后去高雅的**Gion Finlandia Bar**（见89页）喝点饮品，为一晚的行程画下圆满的句号。

顶级景点

清水寺（见76页）

知恩院（见78页）

祇园（见80页）

京都最佳

就餐

菊乃井（见87页）

Omen Kodai-ji（见87页）

键善良房（见88页）

柴崎荞麦面（见88页）

饮品和夜生活

Beer Komachi（见90页）

Tōzan Bar（见89页）

Gion Finlandia Bar（见89页）

到达和离开

火车 乘坐私营的京阪线（Keihan Line）可以到达东山南部。在祇园四条（Gion-shijō）或七条（Shichijō）出站后，向上坡方向（东）进发即可。

公共汽车 京都市公共汽车在这一区域多处设站，是前往清水寺的理想交通方式。

S 地铁 地铁东西线（Tōzai Line）经停东山站（Higashiyama Station），前往这一地区的北部特别方便。

顶级景点

清水寺

清水寺（Kiyomizu-dera；门票 ¥400）是京都最受欢迎的寺庙之一。寺庙建于一眼圣泉（kiyomizu）四周，自8世纪起便吸引着大批信众朝圣。除了供奉佛像的殿堂外，寺庙建筑群中还有一座与爱情有关的神社——在这里买块祈福用的小木牌可以保佑感情顺遂。

见82页地图，E5

075-551-1234

www.kiyomizudera.or.jp

東山区清水（Kiyomizu）1-294

6:00~18:00，不同季节关闭时间不同

京都市内公共汽车206路至清水道（Kiyōmizu-michi），京阪线至清水五条（Kiyomizu-Gojō）

背景

这座古寺始建于798年，现在的建筑是1633年重建的。寺庙属于日本佛教的法相宗，这一宗派始于奈良时代，对京都当地数个佛教流派都有影响，历经几个世纪流传至今。如今，清水寺是京都最著名的地标性建筑之一（出于上述原因，每逢春秋时节，寺里都人满为患）。

本堂

本堂（Hondō）中供奉着一尊十一面观音像，这里还有巨大的悬挑平台，下部由众多圆木支撑，几乎悬空倚建在山坡之上。平台下方就是著名的音羽瀑布（Otowa-no-taki），可以在这里饮用圣水，据传这种水具有延年益寿的功效。

地主神社

离开本堂之后，你可以看到地主神社（Jishu-jinja）就在你的左上方，据说如果闭上眼睛，并在这里的一对“爱情石”之间步行约18米，就可以得到地久天长的爱情。

胎内巡游

在你进入真正的寺庙区之前，去日本最奇怪的景点之一胎内巡游（Tainai-meguri）看看。进入大殿就象征着你进入大随求菩萨（Daizuigu Bosatsu）的子宫，这位菩萨有成全人们愿望的能力。

独家贴士

- 正处于修缮中本堂可能会被遮起来，不过游客还是可以进入。
- 寺庙的网站信息丰富，还提供祈愿时的注意事项说明。
- 樱花季、红叶季和夏季的盂兰盆节（祭祖）期间，清水寺在晚间都会“点灯”，树木和建筑物都会被照亮。

吃喝落脚点

在柴崎荞麦面（见88页）大吃寿司、美味的面条或鳗鱼（unari）。

到传统茶室Kasagi-ya（见88页）喝杯抹茶歇歇脚。

顶级景点
知恩院

知恩院（Chion-in）由一组宏伟的建筑和宽敞的庭院组成，现为净土宗总寺，而净土宗是日本佛教分支里信徒最多的一支。在全京都的寺庙中，来这里上香的人最多，而且常年举办各种活动。对于喜欢游览寺庙的旅行者来说，这座寺院一定可以满足你的兴趣。

见82页地图，E2

www.chion-in.or.jp

東山区林下町（Rinka-chō）400

内部建筑和庭园 成人/儿童 ¥500/250，院落免费

9:00~16:30

S 东西线至东山

知恩院的大门

背景

知恩院建于1234年，是日本佛教最著名的人物之一——法然上人（Hōnen）讲授其所属佛教流派净土宗的经义和最终圆寂的地方。

寺庙亮点

知恩院内现存最古老的建筑的历史可追溯至17世纪。两层山门，即佛教寺院主入口处的大门，是日本最大的寺庙大门。知恩院主殿御影堂（Miei-dō）宽35米、长45米，堂内保存着法然上人的画像。主殿与另一座大殿——大方丈殿（Dai Hōjō）通过一段"莺鸣"地板相连（据说每当有人踏上地板，地板都会发出夜莺鸣叫般的声音，以防有人侵入）。御影堂如今正在修缮，不对公众开放。整修工程计划于2019年结束。

寺院钟声

知恩院的钟铸造于1633年，是日本最大的寺钟。从寺庙东南角走上一段台阶，就可以看到这座巨钟了。每年的新年前夜，知恩院的僧人们会合力撞钟108下。

庭园

在主殿后面走走，游览寺庙的庭园。路上会经过一座幽暗的佛殿，里面供奉着一尊散发着奇异光芒的阿弥陀佛像，与金碧辉煌的主殿相映成趣。

独家贴士

- 与游览京都其他人气景点相同，一大早或下午晚些时候前往可避开大批人群。
- 寺庙建筑群占地面积很大，要留出两三个小时才能全部探索。

吃喝落脚点

漫步穿越圆山公园前往二年坂时，可以顺路去一趟漂亮的咖啡馆**洛匠**[Rakushō；☎075-561-6892；東山区高台寺北門前通下河原東入ル鷲尾町（Kodaijikita-mon-dōri, Shimogawara higashi-iru, Washio-chō）516；茶 ¥600起；⏲9:30~18:00，不定时歇业；📋；🚌京都市内公共汽车204路至东山安井（Higashiyama-Yasui）]。

提前预订，游览之余可以去堪称京都最佳餐厅的菊乃井（见87页）享用午餐。

顶级景点

祇园

祇园（Gion）是京都鸭川东岸著名的娱乐区，也是艺伎云集的地区。设立祇园的初衷是为参拜附近八坂神社（Yasaka-jinja）的疲惫游客提供休息的茶馆，不过到18世纪中叶，这里已经发展成了京都最大的游乐区。

祇園周辺

见82页地图，C3

東山区（Higashiyama-ku）

S 东西线至三条，京阪线至祇园四条

舞伎（Maiko；见习艺伎）

随意走走

如今体验祇园的最佳方式就是在晚间沿着气氛美妙的街道走走，欣赏道路两旁17世纪的传统餐馆与茶室。先从主干道**花见小路**（Hanami-kōji）开始漫步，这是一条南北向的路，与四条通相交。

如果从四条通出发，沿着花见小路的北段散步，在第三个路口左转，就会来到新桥[Shimbashi，有时也被称作白川南通（Shirakawa Minami-dōri）]，它是京都最美丽的街道之一，在夜晚以及樱花盛开的季节，这里的景色尤为迷人。

北边稍远处是东西走向的**新门前通**（Shinmonzen-dōri）和**古门前通**（Furumonzen-dōri）。你可以沿着两条街道随意闲逛，街道两侧有许多老房子、美术馆和古董店。

☑ 独家贴士

▶ 夜晚是在祇园漫步的最理想时段，灯笼全部亮起，而且有机会看到艺伎。

吃喝落脚点

在Omen Kodai-ji（见87页）品尝招牌乌冬面。

顺路到时尚的酒吧Gion Finlandia Bar（见89页）舒舒服服地喝杯饮品。

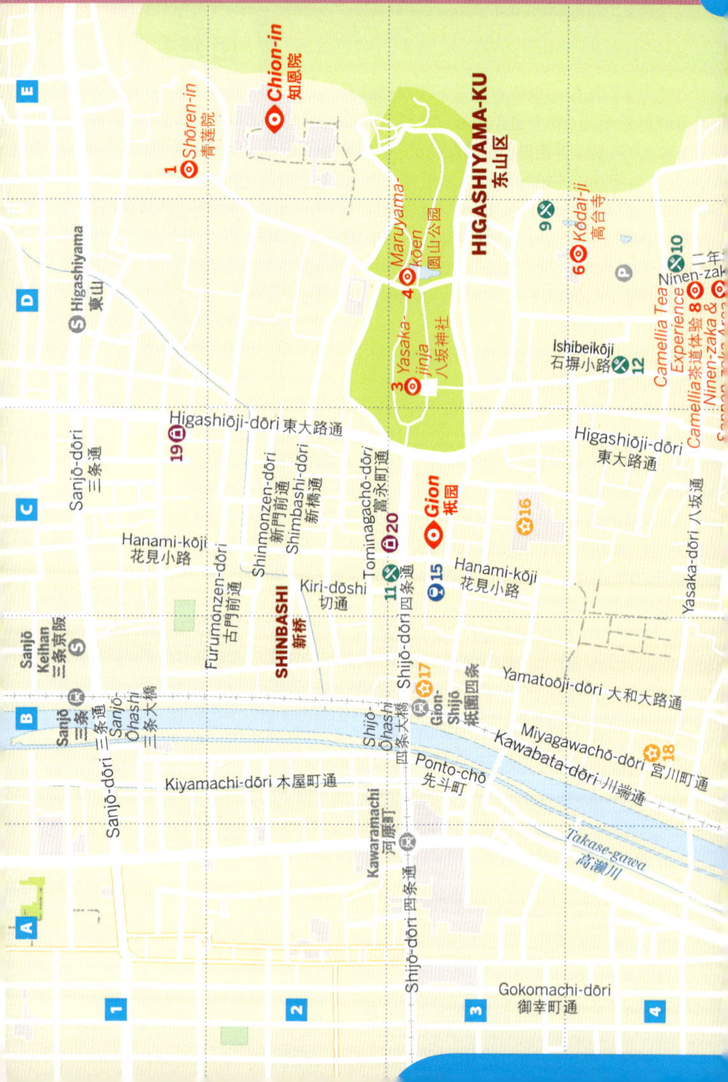

A
B
C
D
E
1
2
3
4
1 Shōren-in 青莲院
Chion-in 知恩院
HIGASHIYAMA-KU 东山区
Maruyama-kōen 圆山公园
4
3 Yasaka-jinja 八坂神社
9
6 Kōdai-ji 高台寺
10
Ninen-zak
二年
Camellia Tea Experience 8 Camellia茶道体验
Ninen-zaka &
Ishibeikōji 石塀小路 12
Higashiyama 東山
Higashiōji-dōri 東大路通
19
Higashiōji-dōri 東大路通
Sanjō-dōri 三条通
Hanami-kōji 花見小路
Shinmonzen-dōri 新門前通
Shimbashi-dōri 新橋通
Tominagachō-dōri 富永町通
20
Gion 祇园
16
Furumonzen-dōri 古門前通
SHINBASHI 新桥
Kiri-dōshi 切通
11
Shijō-dōri 四条通
15
Hanami-kōji 花見小路
Yasaka-dōri 八坂通
Sanjō Keihan 三条京阪
Sanjō 三条
Sanjō-dōri 三条通
Sanjō-Ōhashi 三条大橋
17
Gion-Shijō 祇園四条
Yamatoōji-dōri 大和大路通
Shijō-Ōhashi 四条大橋
Ponto-chō 先斗町
Miyagawachō-dōri 宮川町通
18
Kawabata-dōri 川端通
Kiyamachi-dōri 木屋町通
Kawaramachi 河原町
Takase-gawa 高瀬川
Shijō-dōri 四条通
Gokomachi-dōri 御幸町通

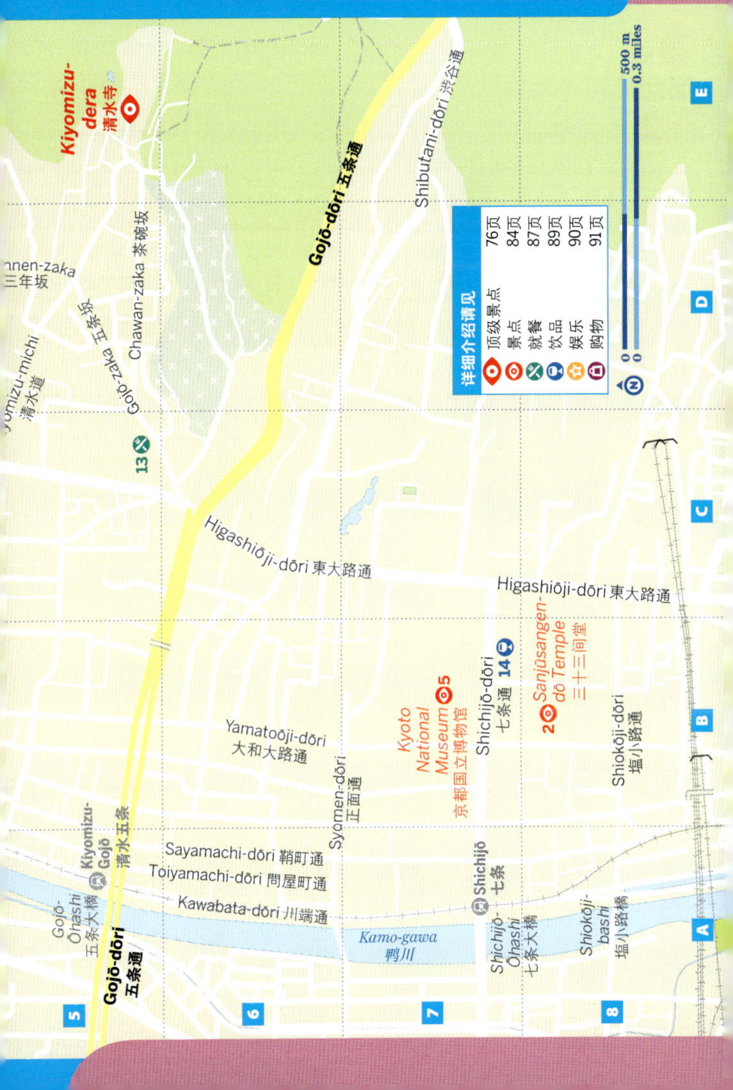

Kiyomizu-dera 清水寺
Shibutani-dōri 渋谷通
Gojō-dōri 五条通
nnen-zaka
三年坂
Chawan-zaka 茶碗坂
Gojō-zaka 五条坂
omizu-michi
清水道
13
Higashiōji-dōri 東大路通
Higashiōji-dōri 東大路通
详细介绍请见
顶级景点 76页
景点 84页
就餐 87页
饮品 89页
娱乐 90页
购物 91页
0 500 m
0 0.3 miles
Sanjūsangen-dō Temple 三十三间堂
2
Shichijō-dōri 七条通 14
Kyoto National Museum 京都国立博物馆
5
Yamatoōji-dōri
大和大路通
Syōmen-dōri
正面通
Shiokōji-dōri
塩小路通
Kiyomizu-Gojō 清水五条
Sayamachi-dōri 鞘町通
Toiyamachi-dōri 問屋町通
Kawabata-dōri 川端通
Shichijō 七条
Kamo-gawa 鴨川
Gojō-Ōhashi 五条大橋
Gojō-dōri 五条通
Shichijō-Ōhashi 七条大橋
Shiokōji-bashi 塩小路橋
A B C D E
5 6 7 8

景点

青莲院

佛教寺庙

1 见82页地图，E1

青莲院的围墙外种着高大的樟树，非常醒目。不过，大多数游客常常直奔该地区其他更出名的寺庙，反而忽视了这里。这是他们的损失，因为这座私密的小庙里有个极好的景观庭园，你可以边喝绿茶（¥400，9:00~16:00；在接待处索取茶水）边欣赏景色。[Shōren-in；東山区粟田口三条坊町（Awataguchi，Sanjōbō-chō）69-1；门票 ¥500；9:00~17:00；S 东西线至东山]

三十三间堂

佛教寺庙

2 见82页地图，B8

三十三间堂是一栋狭长的建筑，因正殿被33根立柱隔开而得名。殿内供奉着1001尊木质观音像，最大的一尊是1254年由著名雕刻家湛庆（Tankei）雕刻的千手观音。其两侧各有500尊排列成行的小观音像。惊人的视觉效果使三十三间堂成为东山南部的必游景点。同时它也适合作为探访该地区的起点。[Sanjūsangen-dō；075-561-0467；東山区三十三間堂廻り町（Sanjūsangendō mawari-chō）657；成人/儿童 ¥600/300；4月1日至11月15日8:00~17:00，11月16日至次年3月31日 9:00~16:00；京都市内公共汽车206路或208路至三十三间堂前（Sanjūsangen-dō-mae），S 京阪线至七条]

独家贴士

捕捉艺伎

“捕捉”艺伎这种行为已经变得失控，游客有时甚至会在祇园等人气区域挡住艺伎们的去路以便拍照。让人家过去吧：舞伎和艺伎都是职业人士，如果你想接近她们，那就支持这种艺术形式，去观看她们的演出（见90页）。

八坂神社

神道教神社

3 见82页地图，D3

宽敞且多彩的八坂神社是祇园娱乐区的镇守神社。当你探索东山南部的时候，这个熙熙攘攘的地方也值得一游。顺道还可以逛逛位于神社上方的圆山公园。[Yasaka-jinja；075-561-6155；www.yasaka-jinja.or.jp；東山区祇園町北側（Gion-machi Kita-gawa）625；免费；24小时；S 东西线至东山]

圆山公园

公园

4 见82页地图，D3

当地人和游客都很喜欢圆山公园。它远离城市喧嚣，四周遍布庭园、池塘、纪念品商店和餐馆。公园内，宁静的小路蜿蜒穿过树林；在公园中央的小池塘里，锦鲤欢快地游过水面。[円山公園，Maruyama-kōen；東山区円山町（Maruyama-chō）；S 东西线至东山]

MADSOLAR/SHUTTERSTOCK ©

八坂神社

京都国立博物馆

博物馆

5 见82页地图，B7

京都国立博物馆是京都首屈一指的美术馆，有着全京都最高水平的展览。**西洋式红砖建筑**始建于1895年，最初作为皇族的储藏室，储藏来自本地寺庙和神社的艺术品和珍宝。原有的**大厅**内，17个房间里陈列着千余件艺术品、历史器物及手工艺品。**平成知新馆**（Heisei Chishinkan）由谷口吉生（Taniguchi Yoshio）设计，2014年开放，现代化的展馆与原有展厅相映成趣。[Kyoto National Museum; www.kyohaku.go.jp; 東山区茶屋町（Chaya-machi）527; 门票 ¥520; 9:30~17:00，特展期间至18:00，周五 至20:00，周一闭馆; 京都市内公共汽车206路或208路至三十三间堂前，京阪线至七条]

高台寺

佛教寺庙

6 见82页地图，D4

这座精致的寺庙是北政所夫人（Kita-no-Mandokoro）为纪念亡夫丰臣秀吉于1605年修建的。建筑包括由著名建筑师小堀远州（Kobori Enshū）设计建造的花园和著名茶圣千利休（Sen-no-Rikyū）设计建造的茶室。寺院每年有3次特别的夜间灯会，届时庭园内会点亮五光十色的聚光灯。点灯期为3月中旬至5月上旬、8月1日至18日以及10月下旬至12月上旬。[Kōdai-ji; 075-561-9966; www.

了解当地

艺伎

日本文化中最常被人们误解的就是艺伎(geisha)。首先让我们说清楚，艺伎不是妓女。简单说，艺伎是技艺精湛、在日本社交场合通过助兴获取报酬的艺人。

京都是艺伎之都。容易令人产生混乱的是，在京都她们不叫“艺伎”，而叫“maiko”(舞伎)或“geiko”(艺子，京都话中的艺伎)。舞伎是指年龄在15~20岁的少女，在接受训练后，将成为羽翼丰满的艺子。在为期5年的训练期间，她们需要住在置屋(okiya，艺伎馆)里学习日本传统艺术，包括舞蹈、唱歌、茶道和三味线。在此期间，通常也会在大姐姐般的艺子的陪伴下开始接待顾客。

由于接受过全面的培养，舞伎或艺子就仿佛是一个活的日本传统文化博物馆。除了技艺，她们身上穿的和服、头上的装饰、腰间的系带无不代表着日本艺术的最高成就。

少女被卖去做艺伎的日子早就过去了，现在的女孩子一般都是自己选择进入这一行的。置屋的经营者会和女孩及她的父母面谈，确认她是否真的想学，以及父母是否愿意让她进入艺伎行当。

舞伎和艺子间的区别非常明显：舞伎精心梳制的真发上点缀着许多色彩鲜艳的簪(kanzashi)，而艺子戴的假发上装饰很少(通常只插一把木梳)。此外，舞伎穿着精美的长袖和服，而艺子穿着简单的和服，袖子也要短一些。

kodaiji.com; 東山区高台寺下河原町(Kōdai-ji, Shimokawara-chō)526; 门票 ¥600; ⌚9:00~17:30; 🚌京都市内公共汽车206路至安井, S东西线至东山]

二年坂和三年坂

街区

7 见82页地图, D4

二年坂和三年坂就在清水寺山坡下方偏北一点的地方，是京都最可爱的仿古街区之一。这两条主要街道的名称字面意思为"二年坡"和"三年坡"，年份代表了它们初建时的古老皇室年代。在这两条迷人的街道上，坐落着一线排开的古老木屋、日本传统店铺和旅馆。[Ninen-zaka & Sannen-zaka; 東山区; 🚌京都市内公共汽车206路至清水道或五条坂(Gojō-zaka), 🚆京阪线至清水五条]

Camellia茶道体验

茶道仪式

8 见82页地图, D4

Camellia位于一栋美丽的老式日本房屋内，紧邻二年坂,是个尝试简单日式茶道的好地方。主人英语流利，介绍茶道清晰明了，能表演优雅的茶道。费用包括一杯抹茶和一份甜品。其网站上有详细的地图和介绍。[茶道体験カメリア; ☎075-525-3238; www.tea-kyoto.com; 東山区枡屋町(Masuya-chō)349; 茶道每人 ¥2000; 🚌京都市内公共汽车206路至安井]

就餐

菊乃井

怀石料理 ¥¥¥

9 见82页地图, D3

京都的美食名店之一，米其林星级厨师Mutara制作的怀石料理在京都名列前茅。餐馆位于圆山公园附近一个隐蔽的角落里，环境、服务、带有独创性的精美食物——高级怀石料理的元素应有尽有。可以请你下榻的酒店或日式旅馆帮助预订。[Kikunoi; ☎075-561-0015; www.kikunoi.jp; 東山区下河原通八坂鳥居前下る下河原町(Shimokawara-dōri, Yasakatoriimae-sagaru, Shimokawara-chō)459; 午餐/晚餐 ¥8000/15,000起; ⌚正午至13:00和17:00~20:00; 🚭📖; 🚆京阪线至祇园四条]

Omen Kodai-ji

面条 ¥

10 见82页地图, D4

京都著名连锁面馆Omen的分店，游览东山南部时不妨来此吃顿饭。所在地是一座经过翻建的日式建筑，光线明亮，通风良好。招牌肉汤鲜蔬乌冬面(一种白色的小麦粉宽面条)很好吃，还可以按菜单点菜。[おめん高台寺店; ☎075-541-5007; 東山区高台寺通下河原東入ル枡屋町(Kodaiji-dōri, Shimokawara, higashi-iru, Masuya-chō)358; 面条 ¥1150起，套餐 ¥1850; ⌚11:00~21:00; 🚌京都市内公共汽车206路至东山安井]

键善良房

茶室 ¥

11 见82页地图，C3

位于祇园，是京都最古老、最有名的和果子店，出售各种传统甜点。后面还有一个可爱的茶馆，出售凉丝丝的透明葛根凉粉（kuzukiri，葛切り），这种凉粉要蘸着黑糖（kuro-mitsu）汁吃。也可以单点一杯抹茶和一份甜点。[键善良房，Kagizen Yoshifusa；075-561-1818；www.kagizen.co.jp；東山区祇園町北側（Gion machi Kita-gawa）264；葛根凉粉 ¥900；9:30～18:00，周一歇业；；阪急线至河原町，S 京阪线至祇园四条]

当地生活

Kasagi-ya

古老的木屋茶馆Kasagi-ya[かさぎ屋；075-561-9562；東山区高台寺下枡屋町（Kōdai-ji, Masuya chō）349；茶和甜品 ¥600起；11:00～18:00，周二歇业；；京都市内公共汽车206路至东山安井]位于清水寺附近的三年坂，颇有怀旧感，员工很友好，因此排队也值得。你可以享用一杯好喝的抹茶和各种甜点。位置很难找，可能得请当地某个店铺的店主帮你指路。

Hisago

面条 ¥

12 见82页地图，D4

如果你想在东山南部旅游区内吃快餐，这家供应面条和米饭的朴素餐馆是个不错的选择。从清水寺和圆山公园出发，步行即可到达这里。亲子丼盖饭（Oyako-donburi，鸡肉和鸡蛋盖饭；¥1010）是这家餐馆的特色。[ひさご；075-561-2109；東山区下河原町（Shimokawara-chō）484；餐 ¥950起；11:30～19:30，周一歇业；；京都市内公共汽车206路至东山安井]

柴崎荞麦面

面条 ¥

13 见82页地图，C5

位于清水寺附近，餐厅舒适宽敞，口味适合大众，是在周边观光之余补充体力的好地方。可以在首层大吃回转寿司（kaiten-sushi），也可以上楼享用好吃的荞麦面、卖相漂亮的天妇罗套餐和鳗鱼等。在楼上的时候，可以看看各种精美的日本漆器藏品。[そば処柴崎，Sobadokoro Shibazaki；075-525-3600；東山区清水（Kiyomizu）4-190-3；寿司 每块 ¥120起，荞麦面 ¥950起；11:00～21:00；；京都市内公共汽车206路至清水道，京阪线至清水五条]

鸡肉盖饭

饮品

Tōzan Bar

酒吧

14 见82页地图，B7

即便你不是凯悦酒店（Hyatt Regency）的客人，也一样可以到这个时尚又舒适的地下酒吧喝几杯。这里的室内设计由知名公司Super Potato完成，灯光朦胧，气氛美妙，有趣之处颇多：旧锁、木椽、古董藏书室，还有一面用传统木头点心模具组成的墙壁。[ハイアットリージェンシー京都；☎075-541-3201；www.kyoto.regency.hyatt.com；東山区三十三間堂廻り（Sanjūsangendō-mawari）644-2 Hyatt Regency Kyoto；⏲17:00至午夜；🚉京阪线至七条]

Gion Finlandia Bar

酒吧

15 见82页地图，C3

这家极简风格的时尚酒吧位于祇园一栋古老的艺伎住宅内，环境相当不错。没有酒单，直接去吧台把喜好讲给打着领结的侍者，他会为你精心调制鸡尾酒或直接倒一杯日本高端单一麦芽威士忌。周五和周六的夜晚往往客满为患，可能得排队等位。[ぎをんフィンランディアバー；☎075-541-3482；www.finlandiabar.com；東山区祇園町南側（Gion-machi minami-gawa）570-123；入场费 ¥500，饮品 约¥1000起；⏲18:00至次日3:00；🚉京阪线至祇园四条]

娱乐

Miyako Odori

舞蹈

16 见82页地图，C3

长45分钟的艺伎表演无比精彩，演出结束很久之后你都无法忘记那些衣着五颜六色的演员。祇园甲部歌舞练场（Gion Kōbu Kaburen-jō）位于四条通南侧的花见小路旁，整个4月都有演出。2016年年底，这里开始修缮，演出场所移至京都艺术剧场春秋座（Kyoto Art Theater Shunjuza）。[都をどり；075-541-3391；www.miyako-odori.jp；東山区祇園町南側（Gionmachi-minamigawa）570-2 祇園甲部歌舞練場（Gionkobu Kaburenjo）；非预订座位/预订座位/预订座位含茶水 ¥2500/4200/4800；表演 12:30、14:00、15:30和16:50；京都市内公共汽车206路至祇园，京阪线至祇园四条]

当地生活

Beer Komachi

位于东山站附近古川町商店街的**Beer Komachi** [ビア小町；075-746-6152；www.beerkomachi.com；東山区八軒町（Hachiken-chō）444；周一和周三至周五 17:00~23:00，周六和周日 15:00~23:00，周二歇业；；东西线至东山]是个氛围悠闲的酒吧，主打日本精酿啤酒。这里随时供应的日本啤酒通常有7种，不过样式几乎每天都会更换。提供啤酒面糊炸鸡等出色的酒吧菜肴，还有可以当作甜点的大块巧克力蛋糕。

南座

剧院

17 见82页地图，B3

位于祇园，南座是日本最古老的歌舞伎剧院。一年当中最盛大的活动当属“颜见世节”（Kaomise；11月30日至12月25日），其间将有日本最好的歌舞伎演员表演。其他演出时间不定，要向京都旅游信息中心（见167页）咨询。[Minami-za；075-561-0160；www.kabuki-bito.jp；東山区四条大橋（Shijō-Ōhashi）；演出 ¥5000~27,000；京阪线至祇园四条]

Kyō Odori

舞蹈

18 见82页地图，B4

位于宫川町（Miyagawa-chō）艺伎区，艺伎表演在京都算是最唯美的。演出时间是4月的第一个至第三个周日，演出地点是位于四条通和五条通之间、鸭川以东的**宫川町歌舞练场**（Miyagawa-chō Kaburen-jō）。[京おどり；075-561-1151；東山区宮川筋（Miyagawasuji）4-306 宮川町歌舞練場；非预订座位/非预订座位含茶水/预订座位/预订座位含茶水 ¥2200/2800/4200/4800；表演 13:00、14:45和16:30；京阪线至祇园四条]

购物

一泽信三郎帆布 时装和饰品

19 见82页地图，C1

这家店生产帆布包的历史已经超过110年，店里往往挤满了挑选优质京都产品的懂行顾客。这里的包原本是工人携带清酒瓶、牛奶和冰块用的“工具包”，如今的设计仍然体现着这种思路。可选的款式和花色非常多。[一澤信三郎帆布，Ichizawa Shinzaburo Hanpu；075-541-0436；www.ichizawa.co.jp；東山区高畑町（Takabatake-chō）602；9:00~18:00；S东西线至东山]

Yojiya 化妆品

20 见82页地图，C3

在京都最知名的品牌之一的店铺里细细挑选化妆品和护肤品。购买著名的吸油面纸当纪念品可谓价格实惠又不占行李分量。城里还有几家分店——这家就在四条通和花见小路的交叉路口；留意人脸标志。[よーじや；075-541-0177；東山区四条通（Shijō-dōri）；10:00~20:00；京阪线至祇园四条]

SANKEI/GETTY IMAGES ©

Kyō Odori的表演

探索

东山北部

众多顶级景点、满眼怡人的绿色使这里成为京都最令人放松的观光区域之一。主要景区从南部的南禅寺延伸至北部的银阁寺，优美的哲学之道就在两座寺庙之间。其他景点包括能够俯瞰喧闹人群的安静寺庙法然院，以及可以眺望城市全貌的永观堂。

一日游行程

上午探索风景秀丽的**南禅寺**（见94页）及庭园建筑群，游览沿途的小寺庙和神社。接下来去**金地院**（见103页）欣赏令人赞叹的鹤龟之庭，再去引人注目的**永观堂**（见100页），一定记得要爬上佛塔将城市之景尽收眼底。到**Hinode Udon**（见106页）填饱肚子，准备下午的行程。

逛够了寺庙，前往**冈崎公园**（见100页）游览博物馆，**京都市美术馆**（见103页）和**京都国立近代美术馆**（见103页）都在此地。再去附近的**Kyoto Handicraft Center**（见106页），在文化类书籍和武士刀等各类商品中选购出色的纪念品和礼品。

沿着著名的**哲学之道**（见100页）漫步，种满樱花树的运河两岸风景如画。绕一点儿路去**法然院**（见100页）及庭园，再回到哲学之道前往**银阁寺**（见96页）。游览过银阁寺之后，在附近的**Omen**（见103页）吃晚饭，结束一天的行程。

顶级景点

南禅寺（见94页）

银阁寺（见96页）

京都最佳

就餐

Omen（见103页）

Goya（见104页）

Falafel Garden（见104页）

购物

Kyoto Handicraft Center（见106页）

东山堂（见107页）

到达和离开

火车 京阪线（Keihan Line）经停这一区域西部的多个车站。

公共汽车 京都市内公共汽车5路的运行路线贯穿这一区域。其他几条线路也在这里设站。

S 地铁 地铁东西线（Tōzai Line）是前往东山北部最便利的交通方式。

顶级景点

南禅寺

南禅寺（Nanzen-ji）是依东山而建的禅宗寺庙，属于多个小寺庙构成的建筑群，是日本佛教寺庙建筑的典范，囊括了所有重要元素：一座不大的枯山水（kare-sansui）庭园、高耸的本堂、几处美丽的庭园，以及令人叹为观止的优美环境。

见98页地图，E7

nanzenji.com

左京区南禅寺福地町（Nanzen-ji, Fukuchi-chō）86

院落免费

3月至11月 8:40~17:00，12月至次年2月 至16:30

京都市内公共汽车5路至永观堂道（Eikandō-michi），S东西线至蹴上（Keage）

背景

南禅寺最初是龟山天皇的隐居之所。在他于1291年逝世之后，这里成为禅宗寺庙。如今的南禅寺是临济宗的本山。

亮点

寺庙的入口处是**山门**（San-mon，1628年；门票¥500），天井处有土佐派和狩野派描绘鸟类与天使的壁画。进入山门就到了**本殿**（Honden），殿内天花板上还绘有一条龙。

继续前行，你会来到**方丈堂**（Hōjō），这里的“虎子渡庭”（虎の子渡し/Tora-nokowatashi-no-tei）是一处非常经典的枯山水（kare-sansui）庭园（门票¥500）。可惜的是，循环播放的解说只有日语，令这里的体验打了折扣。

游览过本殿和庭园后，在水渠下行走，再左转上山。攀登台阶至位于山脚的**高德庵**（Kōtoku-an）。这座优美的小寺庙可以免费进入，而且多数时候这里再无别人。

尽管这里人气极高，但却不觉得拥挤，在11月的红叶季也是如此。每年秋天，枫叶变成红色，与树枝下的苔藓互相映衬，煞是好看。

☑ 独家贴士

- 在方丈堂时，可以一边品茶一边欣赏一道小瀑布（¥500；在方丈堂接待柜台咨询）。
- 在建筑群周边还有几座漂亮的小寺庙，包括南禅院（Nanzen-in）、金地院（见103页）和天授庵（Tenju-an），所以这一地区非常值得深入探索一番。

吃喝落脚点

在 Westin Miyako 酒店对面氛围悠闲的 Kick Up（见106页）喝杯饮品。

从寺庙出发步行不久就路过永观堂，可以在面馆 Hinode Udon（见106页）吃午饭。

顶级景点
银阁寺

京都著名的寺庙银阁寺(Ginkaku-ji)位于哲学之道的北端，是一处由池塘、厚厚的青苔、经典日本建筑和婆娑的树林构成的乐土。银阁寺无疑拥有京都最华丽的庭园之一，所有的观光行程几乎都会将这里作为重头戏。

銀閣寺

见98页地图，E2

左京区銀閣寺町(Ginkaku-ji-chō)2

成人/儿童 ¥500/300

3月至11月 8:30~17:00，12月至次年2月 9:00~16:30

京都市内公共汽车5路至银阁寺道(Ginkakuji-michi)

背景

1482年，将军足利义政（Ashikaga Yoshimasa）选择在这处山坡上的绝佳位置建造了一座别馆，用于躲避内战造成的动荡。虽然名为银阁，但也不过是为了与城市另一端的金阁寺区分开来，其中能够俯瞰池塘的主殿从一开始就被漆成了黑色。足利义政死后，这里被改建为寺庙。如今的银阁寺属于临济宗的相国寺派。

庭园

这些由步道相连的庭园都是画家兼庭园师相阿弥（Sōami）设计的。其中有一座别具匠心的用白沙堆成山形台地的向月台（kōgetsudai），在夜间可以反射月光，增添庭园之美。

☑ 独家贴士

- 前往寺庙尽量选在工作日的清晨或即将关闭时，这两个时段可能没有那么多人。
- 雨天也是游览的好时机，细雨下的青苔更漂亮。

吃喝落脚点

顺道去一栋雅致的传统日式建筑中的 Omen（见103页）品尝美味的面条。

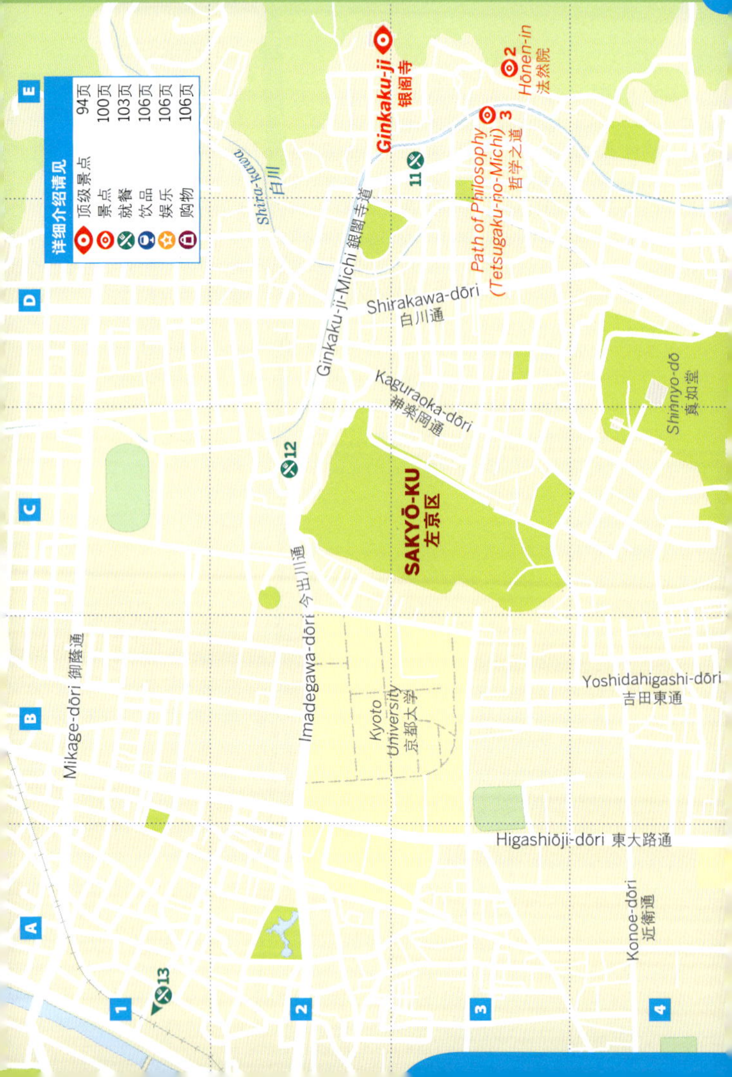
详细介绍请见
顶级景点 94页
景点 100页
就餐 103页
饮品 106页
娱乐 106页
购物 106页
A
B
C
D
E
1
2
3
4
Ginkaku-ji 银阁寺
2 Hōnen-in 法然院
3 Path of Philosophy (Tetsugaku-no-Michi) 哲学之道
11
12
13
Shira-kawa 白川
Ginkaku-ji-Michi 銀閣寺道
Shirakawa-dōri 白川通
Kaguraoka-dōri 神楽岡通
SAKYŌ-KU 左京区
Shinnyo-dō 真如堂
Imadegawa-dōri 今出川通
Mikage-dōri 御蔭通
Kyoto University 京都大学
Yoshidahigashi-dōri 吉田東通
Higashiōji-dōri 東大路通
Konoe-dōri 近衛通

Kurodani Pagoda 10
金戒光明寺三重塔
Shira kawa
白川
19
Marutamachi-dōri 丸太町通
20
16
Higashitakeyachō-dōri
東竹屋町通
Reisen-dōri 冷泉通
Higashiōji-dōri
東大路通
Heian-jingū
4 平安神宮
1
Eikan-dō
永观堂
Biwa-ko Sasui Canal
琵琶湖疏水道
Okazaki-kōen
冈崎公园
Kyoto Municipal
Museum of Art
京都市美术馆
8
Nijō-dōri 二条通
Kyoto
Municipal
Zoo
京都市动物园
Nijō-dōri
二条通
Fureai-Kan Kyoto
Museum of
Traditional Crafts
6
京都传统产业交流馆
7 National Museum
of Modern Art
京都国立近代美术馆
Niōmon-dōri 仁王門通
18
14
Nanzen-ji
南禅寺
9 Konchi-in
金地院
Nanzen-ji
Oku-no-in
5
南禅寺奥之院
15
Shirakawa-dōri 白川通
Sanjō-dōri 三条通
Higashiyama
東山
Sanjō-dōri
三条通
Keage
蹴上
17
Hanami-kōji
花見小路
Higashiōji-dōri
東大路通
HIGASHIYAMA-KU
东山区
Shinmonzen-dōri
新門前通
Shimbashi-dōri
新橋通
0 500 m
0 0.25 miles
5
6
7
8
A
B
C
D
E

景点

永观堂

佛教寺庙

1 见98页地图, E6

永观堂或许是京都最出名(也是人最多)的赏秋叶之处，就在著名景点哲学之道南侧不远处。永观堂凭借形式多样的建筑、庭园和艺术品闻名。寺庙建于855年，由真绍大师(Shinshō)主持修建，起初叫作“禅林寺”(Zenrin-ji)，11世纪为纪念博学的永观大师而改名为永观堂。[永観堂, Eikan-dō; ☎075-761-0007; 左京区永観堂町(Eikandō-chō)48; 成人/儿童 ¥1000/400; 9:00~17:00; 京都市内公共汽车5路至永观堂道(Eikandō-michi), S 东西线至蹴上(Keage)]

独家贴士

雨天观光

冈崎公园(岡崎公園, Okazaki-kōen)包括仁王门通(Niōmon-dōri)和平安神宫(Heian-jingū)之间的大片公园和河渠。公园内除了京都两座极好的博物馆——京都国立近代美术馆(见103页)和京都市美术馆(见103页)，还有两座比较小的博物馆。如果遇到雨天，这几座博物馆足够填满你室内游览的行程。

法然院

佛教寺庙

2 见98页地图, E3

法然院是为了纪念法然上人(Hōnen)于1680年修建的，是京都最隐蔽的美景之一。法然院是一座美丽且静谧的寺庙，寺院内还建有一座隐于林木之中的雅致庭园。寺庙建筑包括一座经常举办本地和国际艺术家作品展览的小美术馆。如果你想逃离银阁寺周围喧闹的人群，就到这个宁静的寺庙来吧。[Hōnen-in; 左京区鹿ケ谷御所ノ段町(Shishigatani, Goshonodan-chō)30; 门票免费; 6:00~16:00; 京都市内公共汽车5路至银阁寺道]

哲学之道

街区

3 见98页地图, E3

哲学之道是京都最适宜散步的小路之一。道路两旁栽种着各种开花植物、灌木和其他树木，一年中大部分时间都是一条五颜六色的长廊。这条路禁止机动车行驶，河渠两边种满了樱花树，4月上旬景色尤为壮观。起点在永观堂上方的若王子桥(Nyakuōji-bashi)，一直通往银阁寺，走完全程仅需30分钟。[哲学の道, Tetsugaku-no-michi; 左京区(Sakyō-ku); 京都市内公共汽车5路至永观堂道或银阁寺道, S 东西线至蹴上]

平安神宫

神道教神社

4 见98页地图, B6

作为京都最受欢迎的景点之一，平安神宫是在1895年为纪念平安迁都京都

永观堂

1100周年而建的。神社建筑都是美丽而逼真的复制品，规模是平安时代（794~1192年）京都御所的三分之二。神社前方约500米处是一座巨大的不锈钢鸟居。鸟居看似独立，但是实际上人们把它当作神社的主入口。[Heian-jingū; 左京区岡崎西天王町（Okazaki, Nishitennō-chō）; 庭园 成人/儿童 ¥600/300; ⏲11月至次年2月 6:00~17:00, 3月至10月 6:00~18:00; 庭园 8:30~16:30; S 东西线至东山]

南禅寺奥之院

神道教神社

5 ◉ 见98页地图，E7

大多数旅行者可能会错过南禅寺最经典的建筑奥之院。南禅寺奥之院是一座小神社，隐匿在主建筑后方茂密森林的空地中。信徒站在瀑布下面祈祷，在严冬有时还要冒着凛冽的寒风。[南禅寺奥の院, Nanzen-ji Oku-no-in; 左京区南禅寺福地町（Nanzen-ji, Fukuchi-chō）; 门票免费; ⏲清晨至黄昏; 🚌京都市内公共汽车5路至永观堂道，S 东西线至蹴上]

京都传统产业交流馆

博物馆

6 ◉ 见98页地图，B6

如果你对京都传统手工艺品感兴趣，这里就很值得一看。优秀的展品包括木版画、漆器、竹制品和贴金工艺等，配有英语说明。该馆位于京都市劝业馆（京都市勧業館，也称“みやこめっせ”，

了解当地

寺庙和神社

寺庙和神社的区别

最简单的区分办法就是看大门。神社的入口是鸟居(torii)——通常由两根立柱加顶端两根横梁组成，漆成朱红色。相比之下，寺庙的门有多根立柱，同时有多重屋檐。

着装礼仪

日本的寺庙和神社没有严格的着装要求，但还是表现得恭敬些为好。值得注意的是，多数时候都要脱鞋才能进入寺庙殿内。

参拜神社须知

如果你想学着当地人的模样参拜神社，要记住这些基本事项：在手水舍(temizuya)用竹子做的长柄杓(hishaku)从石头水池(chōzuya)里舀水洗手漱口。先洗双手，再用手盛水漱口。漱口之后的水不要吐到水池里，吐在水池周围的碎石地面上就好。

接着去位于神社本殿之前的拜殿(haiden)。你会在这里看到长绳系着的铃铛之下有赛钱箱。将硬币投入赛钱箱，再抓握住绳子摇摇铃铛，鞠躬两次，大声拍掌两次，再鞠躬一次，就可以走开了。

朝拜寺庙须知

朝拜佛教寺庙没有特别严格的仪式。在许多寺庙，你都可以花笔小钱买杯抹茶和一块日本甜点，一边欣赏庭园一边吃喝。

Miyako Messe)的地下室。[京都伝統産業ふれあい館, Fureai-Kan; 左京区岡崎成勝寺町(Okazaki, Seishōji-chō)9-1; 门票免费; ⌚9:00~17:00, 8月18日和19日以及12月29日至次年1月3日闭馆; S 东西线至东山]

京都国立近代美术馆 博物馆

7 见98页地图, B6

这座美术馆凭借近代日本陶器和绘画藏品而享誉国内外。常设展很不错, 包括河井宽次郎(Kawai Kanjirō)的多件陶器。馆内的咖啡厅俯瞰着一条风景如画的河渠, 是休憩的好地方。该馆也经常举办特展, 可以关注网站以了解详情。[京都国立近代美術館, National Museum of Modern Art; www.momak.go.jp; 左京区岡崎円勝寺町(Okazaki, Enshōji-chō); 门票¥430, 特展另收费; ⌚9:30~17:00, 4月至9月的周五至20:00, 周一闭馆; S 东西线至东山]

京都市美术馆 博物馆

8 见98页地图, B6

这座很不错的博物馆每年都会举办几次重要展览, 此外还有各种免费展览。无论何时来京都, 都不妨到这个美术馆看看。美术馆后面的池塘特别适合野餐。[京都市美術館, Kyoto Municipal Museum of Art; 左京区岡崎円勝寺町(Okazaki, Enshōji-chō)124; 门票价格不定; ⌚9:00~17:00, 周一闭馆; S 东西线至东山]

金地院 佛教寺庙

9 见98页地图, D7

位于天授庵主入口的西南侧, 属于南禅寺。这个精致的分院内有一座由著名建筑师小堀远州设计的枯山水庭园, 也被称为"鹤龟之庭"。如果你在寻找"借景"(shakkei)设计手法的范本, 来这儿足矣。[Konchi-in; 左京区南禅寺福地町(Nanzen-ji, Fukuchi-chō)86-12; 成人/儿童¥400/200; ⌚3月至11月 8:30~17:00, 12月至次年2月 至16:30; 🚌京都市内公共汽车5路至永观堂道, S 东西线至蹴上]

金戒光明寺三重塔 佛塔

10 见98页地图, D5

这座佛塔居高临下地俯瞰着位于黑谷町的寺庙, 拥有眺望全城的极佳视野。佛塔本身不能进入, 但你可以攀至佛塔的基座。从寺庙本堂东南方向约150米处的台阶拾级而上即可。[金戒光明寺, Konkai-koumyouji; 左京区黑谷町(Kurodani-chō)121; 门票免费; ⌚9:00~16:00; 🚌京都市内公共汽车100路至冈崎道(Okazaki-michi)]

就餐

Omen 面条 ¥

11 见98页地图, E3

这家优雅的面馆名字来自一种白色宽面条, 这种面条的汤是用7种新鲜蔬菜加肉汤熬制而成的。只需要说一句"omen", 剩下的就是选凉面还是热面的问题了。跟面一起上来的是一碗汤和一盘蔬菜（把面条和蔬菜倒进汤里，再加点芝麻）。[おめん；☎075-771-8994；左京区浄土寺石橋町（Jōdo-ji, Ishibashi-chō）74；面条¥1150起；⏲11:00~21:00；📄；🚌京都市内公共汽车5路至银阁寺道]

Goya

冲绳菜 ¥

12 🍴 见98页地图，C2

这家冲绳风味餐馆供应美味的食物（有大量素食选择），内部装修很有格调，楼上的桌椅很舒适。游览东山北部时，这里是理想的午餐地点。从银阁寺出发，步行一小段路就到了。午餐供应塔可饭（taco rice; ¥880）和爆炒苦瓜（gōya champurū；¥680）等简餐。晚餐还有各种居酒屋式的下酒菜。[ゴーヤ；☎075-752-1158；左京区浄土寺西田町（Jōdo-ji, Nishida-chō）114-6；餐¥680起；⏲11:30~15:30和17:30至午夜，周三歇业；🍴📄；🚌京都市内公共汽车5路至银阁寺道]

当地生活

Karako

Karako[からこ；☎075-752-8234；左京区岡崎徳成町（Okazaki, Tokusei-chō）12-3；拉面¥650起；⏲11:30~14:00和17:00至午夜；📄；🚌京都市内公共汽车206路至东山二条（Higashiyama-Nijō）]距冈崎公园不远，是整个京都我们最喜欢的拉面馆。虽然气氛不够好，但拉面很好吃，汤又浓又香，日式叉烧（chāshū）入口即化。强烈推荐这里的浓汤拉面（kotteri rāmen）。门口挂着灯笼的餐馆就是了。

Falafel Garden

以色列菜 ¥

13 🍴 见98页地图，A1

如果你想换个口味，那么就来这家出町柳站附近的时髦以色列小餐馆，这里供应好吃又丰盛的沙拉三明治，以及分量十足的鹰嘴豆泥丸子，配上绿辣椒酱吃更过瘾。套餐（¥1100起）的性价比很高。天气晴好的话，可以到美丽的小庭院就餐。[ファラフェルガーデン；☎075-712-1856；www.falafelgarden.com；左京区田中上柳町（Tanaka, Kamiyanagi-chō）15-2；沙拉三明治¥410起；⏲11:00~21:30；🍴📄；🚉京阪线至出町柳（Demachiyanagi）]

Au Temps Perdu

法国菜 ¥

14 🍴 见98页地图，B7

这家小小的兼有室内、露天场所的法式咖啡馆在京都国立近代美术馆对面，俯瞰白川运河（Shirakawa Canal），是个相当不错的休憩地点。从摆在外面的美味蛋糕里选一款，再配上一壶茶，也可以再点上乳蛋饼和沙拉凑成简单的午餐。[オ・タン・ペルデュ；☎075-762-1299；左京区岡崎円勝寺町（Okazaki, Enshōji-chō）64；茶和蛋糕套餐¥1100起；⏲11:00~19:00，周一歇业；📄；Ⓢ东西线至东山]

饺子

Kiraku

御好烧 ¥

15 见98页地图，C7

这家御好烧店价格亲民，服务热情，位于三条，离南禅寺和其他东山北部的人气景点都很近。游览过后在这儿吃顿午餐或晚餐很不错。除了常见的御好烧之外，店里还有饺子（gyōza）和炒荞麦面（yaki-soba）。[きらく三条本店；☎075-761-5780；東山区三条白川中之町（Sanjō-Shirakawa, Nakanochō）208；御好烧 ¥700起；⏲11:30~14:00和17:00至午夜；Ⓢ东西线至东山或蹴上]

Hinode Udon

面条 ¥

16 见98页地图，D5

在这家可爱的店里大吃一顿面条或盖饭吧，有英文菜单。纯乌冬面仅售¥500，但我们建议你点¥950的锅烧乌冬面（鍋焼きうどん，nabeyaki udon）。如果你正好在东山北部地区参观，不妨到这儿来吃午饭。[日の出うどん；☎075-751-9251；左京区南禅寺北ノ坊町（Nanzenji, Kitanobō-chō）36；面条 ¥500起；⏲11:00~15:30，周日和部分周一不营业；🗒；🚌京都市内公共汽车5路至永观堂道]

饮品

Kick Up

酒吧

17 见98页地图，D8

就在Westin Miyako Kyoto（ウェスティン都ホテル京都）酒店的对面。很多住在日本的侨民都是这家酒吧的常客，本地人和酒店住客也很多。气氛悠闲，服务热情。[キックアップ；☎075-761-5604；東山区東小物座町（Higashikomonoza-chō）331；饮品 ¥600起；⏲19:00至午夜，周三歇业；Ⓢ东西线至蹴上]

娱乐

ROHM Theatre Kyoto

剧院

18 见98页地图，B7

京都观世会馆在2016年年初进行了整修，如今以ROHM Theatre Kyoto的新面貌重现于世人面前。这家剧院是一栋引人注目的现代派建筑，有三个多功能厅，大厅能容纳2000名观众。演出五花八门，国际舞团的芭蕾、歌剧、戏剧、音乐会和能剧等不一而足。[ロームシアター京都/京都会館；☎075-771-6051；http://rohmtheatrekyoto.jp/english；左京区岡崎円勝寺町（Okazaki Ensho-ji-chō）44；票价¥3000起；⏲售票处10:00~19:00；Ⓢ东西线至东山]

购物

Kyoto Handicraft Center

手工艺品

19 见98页地图，B5

Kyoto Handicraft Center分布在东、西两座建筑中，出售各种日本艺术品和工艺品，例如葛饰北斋（Hokusai）的木版画（¥5000起），还有日本人偶、珍珠、服装和各种日本文化与旅行指南类的书

籍。随时都能找到会说英语的店员，也可以用外币购物。这里与东山的主要观光路线相距不远，步行即可到达。[京都ハンディクラフトセンター; ☎075-761-7000; www.kyotohandicraftcenter.com; 左京区聖護院円頓美町(Shōgoin, Entomi-chō)17; ⏲10:00~19:00; 🚌京都市内公共汽车206路至熊野神社前(Kumano-jinja-mae)]

东山堂

礼品和纪念品

20 见98页地图，B5

如果你痴迷日本刀剑和铠甲，那么这家位于丸太町(Kyoto Handicraft Center斜对面)的店就绝对不可错过。店里有货真价实的日本刀、崭新的日本铠甲和武术器械等。店里总有几个人会说英文。[東山堂, Tōzandō; ☎075-762-1341; 左京区聖護院円頓美町(Shōgoin Entomi-chō)24; ⏲10:00~18:00; 🚌京都市内公共汽车206路至熊野神社前]

日本人偶

顶级景点

金阁寺

到达和离开

京都市内公共汽车205路从京都站开往金阁寺道(Kinkakuji-michi),京都市内公共汽车101路或205路从京都站开往金阁寺前(Kinkakuji-mae)。

赫赫有名的京都金阁寺(Kinkaku-ji)是全世界最引人注目的宗教建筑之一。覆盖着亮闪闪金箔的大殿倒映在池塘里的景象,确实令人难以忘怀。但这里并非只有光彩熠熠的主殿,宽敞的院落以及院中的池塘、茶室和优美的草木园景同样值得一看。

背景

金阁寺又名鹿苑寺（Rokuon-ji），始建于1397年，是将军足利义满（Ashikaga Yoshimitsu）的别馆。义满去世后，他的儿子遵照他的遗愿将别馆改为一座寺院。金阁寺如今是日本佛教临济宗相国寺派的寺庙。

1950年，一名年轻的僧人因为过于痴迷金阁寺的美而将其烧毁。日本名作家三岛由纪夫以此为背景于1956年创作了一部同名小说《金阁寺》。

金阁与院落

三层高的金阁寺外部覆盖着闪亮的金叶，屋顶有一尊青铜凤凰。金阁寺在镜湖（Kyō-ko）中的倒影特别漂亮，秋季枫叶火红时更是令人倾倒。

1955年，金阁寺重建工程竣工，完全遵循了最初的建筑式样，只是金阁寺外壁的金箔又向下延伸了一层。

在欣赏过被金箔包裹的金阁寺之后，可以去看看龙门瀑布（Ryūmon-taki）和鲤鱼石（Rigyo-seki），看着就像一条鲤鱼在奋力跃上瀑布。附近还有几座地藏（Jizō）石像，人们会朝它们扔硬币并许愿。

夕佳亭

宁静的茶室夕佳亭（Sekka-tei）体现着“侘寂”（wabi-sabi）之美，这种审美也是日本茶道仪式的精髓所在。夕佳亭位于距寺庙出口处不远的小山顶部。

金閣寺

北区金阁寺町（Kinkakuji-chō）1

¥400

9:00~17:00

独家贴士

- 别指望能独享美景——每个人都会把金阁寺列为“必看”景点。最好在平日的一大早前来游览。
- 另一个游览的好时机就是景区关闭之前，那时在夕阳下熠熠生辉的建筑特别上相。

吃喝落脚点

前往寺庙途中有几家餐馆，入口附近还有一家小茶园，供应抹茶和甜点。

京都御所及周边

京都御所一带是京都市中心首屈一指的绿地。这里最引人注目的就是京都御所和京都御苑。大德寺坐落在御所的西北方向，是一片由禅宗寺庙、美丽庭园和小巷组成的天地。满眼的绿色一直持续到北面的京都府立植物园和坐落在森林中的下鸭神社。这片区域也是京都传统纺织区西阵的所在地。

一日游行程

搭乘地铁前往禅宗寺庙云集的**大德寺**（见118页）建筑群。需要整整一上午才能游览所有分寺以及超凡脱俗的禅宗庭园。不要错过**高桐院**（见118页），一定要留出时间在这里坐下冥想一会儿。之后可以去**Sarasa Nishijin**（见122页）吃午饭，这个咖啡馆位于一个旧时的公共浴室（sento）之中。

午饭后可以在周边街道漫步，充分领略这个居民区的魅力，顺便也消化一下午餐，然后就可以去真正的浴场**船冈温泉**（见121页）浸泡身体好好放松了。

试过各种温泉和桑拿之后，前往**京都御苑**（见112页），漫步于开阔的院落中，再自助游览**御所**（见112页）的多座建筑。

想体验京都御所及周边当地人的一天，见114页。

顶级景点

京都御所和京都御苑（见112页）

当地生活

公园、传统和咖啡时光（见114页）

京都最佳

就餐

Papa Jon' s（见115页）

Sarasa Nishijin（见122页）

到达和离开

S 地铁 乘乌丸线（Karasuma Line）可前往多数景点，包括京都御所和大德寺。

公共汽车 北部景点略远，乘坐公共汽车前往最为方便。

顶级景点

京都御所和京都御苑

京都御所[Kyoto Imperial Palace, Kyoto Gosho; 中京区; ⌚4月至8月 9:00~17:00, 9月和3月 9:00~16:30, 10月至次年2月 9:00~16:00, 关闭前40分钟禁止入内, 周一不开放]从12世纪末到19世纪一直是日本天皇的御所, 如今也是皇室产业。御所最初建于794年, 历经多次大火; 现存的建筑建于1855年。

见116页地图, D7

www.kunaicho.go.jp

☎075-211-1215

门票免费

Ⓢ乌丸线至丸太町(Marutamachi)或今出川(Imadegawa)

京都御所, 承明门

虽然不再是日本天皇的正式住所，但御所及周围的公园仍是京都地理和精神上的中心，总能令人回想起京都作为日本首都和皇室所在地的千年荣耀。

御所周边的**京都御苑**[Kyoto Imperial Palace Park, Kyoto Gyōen；中京区；⏲黎明至黄昏]占据京都市中心的一片开阔地带，是大片混凝土建筑中的一座绿色乐园。这里种植了大量会开花的树，梅花亭尤其漂亮。这座景色优美的公园是当地人钟爱的野餐和漫步场所。另一处皇室产业仙洞御所（见118页）也在御苑内，美丽的庭园非常值得一游。

☑ 独家贴士

- ▶如果你计划游览御所，记得穿舒适的鞋子，这里的碎石地面不太好走，而且凉拖也容易进石子。
- ▶3月下旬至4月上旬的樱花季非常适宜游览御苑，此时景色最美。

吃喝落脚点

Papa Jon's（见115页）距御苑的北端不远，可以顺路去尝一块地道的纽约芝士蛋糕或直接吃一顿简餐。

当地生活
公园、传统和咖啡时光

当地人如果想在京都市中心找一片绿地远离城市喧嚣，就会来到京都御苑一带。有人在此晨跑，有的全家一起来逛京都府立植物园，而西阵的织工们就在町屋（传统日式住宅）里忙着每天的活计。

❶ 京都御苑

先绕着京都御苑（见112页）的池塘和宫殿走走。你可以早起和当地人一起慢跑，或者睡个懒觉，晚些时候出来随意逛逛。如果对日本皇室感兴趣，就去参观御所（见112页）。

❷ 西阵

向西走上一会儿，就到了传统纺织区**西阵**[西陣，Nishijin；上京区；🚌京都市内公共汽车9路至堀川今出川（Horikawa-Imadegawa）]。沿着小巷随意走走，看看道路两旁的町屋（machiya）和当地人的日常生活也相当不错。

❸ 西阵织会馆

探索西阵地区的时候，顺路去**西阵织会馆**[西陣織会館，Nishijin Textile Center；☎075-451-9231；www.nishijinori.jp；上京区堀川通今出川下ル（Horikawa-dōri，Imadegawa-sagaru）；门票免费；⏲10:00~18:00；🚌京都市内公共汽车9路至崛川今出川]看看，了解这里纺织工业的历史。你在2楼会看到正在做纺织演示的织工。

❹ 京都府立植物园

体力好的话，可以快步走（约30分钟）或乘地铁到今出川站，再乘乌丸线到北山站。从这里前往繁花似锦的**京都府立植物园**[Kyoto Botanical Gardens；左京区下鴨半木町（Shimogamohangi-chō）；庭园 成人/儿童 200/免费，温室 成人/儿童 ¥200/免费；⏲9:00~17:00，温室 10:00~16:00，12月28日至次年1月4日不开放；Ⓢ乌丸线至北山（Kitayama）]，这里是当地家庭享受阳光的场所。顺路去温室看看。

❺ Papa Jon's

搭乘地铁回到今出川站，短途步行后来到这家**咖啡馆**[パパジョンズカフェ本店；☎075-415-2655；上京区烏丸通上立売東入る相国寺門前町（Karasuma-dōri，Kamidachiuri higashi-iru，Shokokuji-chō）642-4；午餐 ¥850起；⏲10:00~21:00；🚭📋；Ⓢ乌丸线至今出川]，这里供应美味蛋糕和简餐，服务热情，是当地懂行食客的最爱。出色的奶酪蛋糕不容错过。

❻ Demachi Futaba

Papa Jon's也许已经满足了你对甜品的渴望，但还是一定要去**Demachi Futaba** [出町ふたば；☎075-231-1658；上京区河原町通今出川上ル青龍町（Kawaramachi-dōri，Imadegawa-agaru，Seiryu-cho）236；甜品 ¥175起；⏲8:30~17:30，周二不营业；🚆京阪线至出町柳（Demachiyanagi）]。跟着当地人一道排队买甜食，留着一会儿再吃。

❼ Bon Bon Café

在公园里散步、休闲一天之后，再没有什么能比喝上几杯更惬意了。位于河畔的**Bon Bon Café**[ボンボンカフェ；☎075-213-8686；madoi-co.com/restaurant/bon-boncafe；上京区河原町今出川東入ル北側（Kawaramachi，Imadegawa，Higashi-iru，Kita-gawa）；咖啡/三明治 ¥400/700起；⏲11:30~22:00，周一不营业；🚆京阪线至出町柳]位置优越；在天气暖和的时候，坐在室外座椅上很舒服。

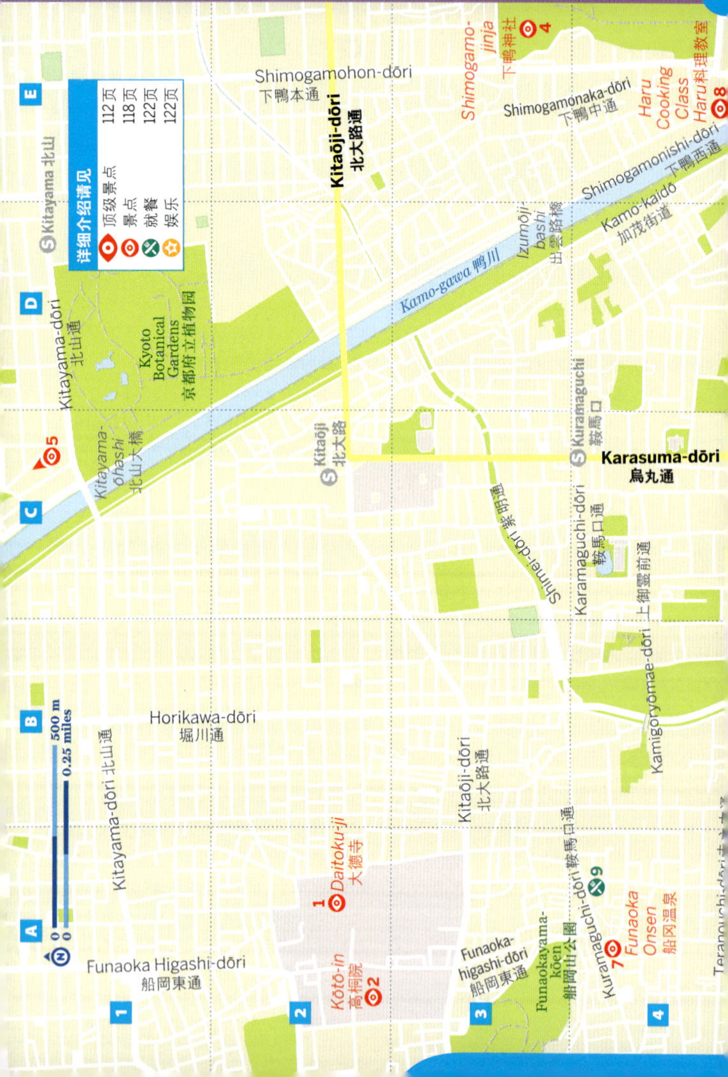

详细介绍请见
顶级景点 112页
景点 118页
就餐 122页
娱乐 122页
500 m
0.25 miles
A
B
C
D
E
1
2
3
4
Kitayama 北山
Kitayama-dōri 北山通
Kyoto Botanical Gardens 京都府立植物园
Kitayama-ōhashi 北山大橋
5
Shimogamohon-dōri 下鴨本通
Kitaōji-dōri 北大路通
Shimogamo-jinja 下鴨神社
4
Shimogamonaka-dōri 下鴨中通
Haru Cooking Class Haru料理教室
8
Shimogamonishi-dōri 下鴨西通
Kamo-kaidō 加茂街道
Kamo-gawa 鴨川
Izumōji-bashi 出雲路橋
Kitaōji 北大路
Kuramaguchi 鞍馬口
Karasuma-dōri 烏丸通
Shimei-dōri 紫明通
Karamaguchi-dōri 鞍馬口通
上御霊前通
Kamigoryōmae-dōri
Horikawa-dōri 堀川通
Kitaōji-dōri 北大路通
Kitayama-dōri 北山通
1
Daitoku-ji 大德寺
Kōtō-in 高桐院
2
Funaoka Higashi-dōri 船岡東通
Funaoka-higashi-dōri 船岡東通
Funaokayama-kōen 船岡山公園
Kuramaguchi-dōri 鞍馬口通
9
7
Funaoka Onsen 船冈温泉
Teranouchi-dōri

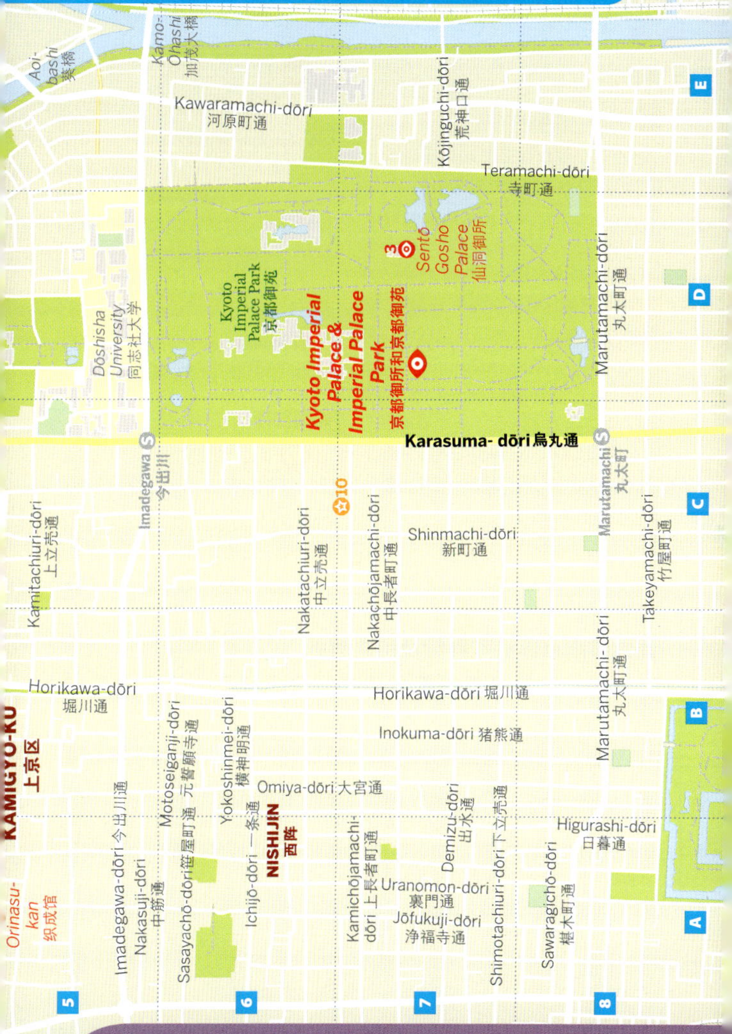

Aoi-bashi 葵橋
Kamo-Ōhashi 加茂大橋
Kawaramachi-dōri 河原町通
Kōjinguchi-dōri 荒神口通
Teramachi-dōri 寺町通
Kyoto Imperial Palace Park 京都御苑
3 Sentō Gosho Palace 仙洞御所
Kyoto Imperial Palace & Imperial Palace Park 京都御所和京都御苑
Dōshisha University 同志社大学
Marutamachi-dōri 丸太町通
Karasuma- dōri 烏丸通
Imadegawa 今出川
Marutamachi 丸太町
10
Kamitachiuri-dōri 上立売通
Nakatachiuri-dōri 中立売通
Nakachōjamachi-dōri 中長者町通
Shinmachi-dōri 新町通
Takeyamachi-dōri 竹屋町通
Horikawa-dōri 堀川通
Horikawa-dōri 堀川通
Inokuma-dōri 猪熊通
Marutamachi- dōri 丸太町通
KAMIGYO-KU 上京区
Motoseiganji-dōri 元誓願寺通
Yokoshinmei-dōri 横神明通
Omiya-dōri 大宮通
Imadegawa-dōri 今出川通
Nakasuji-dōri 中筋通
Sasayachō-dōri 笹屋町通
Ichijō-dōri 一条通
NISHIJIN 西阵
Kamichōjamachi-dōri 上長者町通
Uranomon-dōri 裏門通
Jōfukuji-dōri 浄福寺通
Demizu-dōri 出水通
Shimotachiuri-dōri 下立売通
Higurashi-dōri 日暮通
Sawaragichō-dōri 椹木町通
Orinasu-kan 织成馆
A
B
C
D
E
5
6
7
8

景点

大德寺

佛教寺庙

1 见116页地图，A2

这片寺院群由许多禅宗寺庙组成，还有修剪完美的花园和蜿蜒的小径，仿佛自成一片天地。大德寺是京都最值得游览的目的地之一，那些对日本庭园感兴趣的旅行者尤其不应错过。与建筑群同名的大德寺（通常不对公众开放）是禅宗临济宗的本山。寺庙群中的亮点包括大仙院（Daisen-in）、高桐院（Kōtō-inis）、黄梅院（Ōbai-in）、龙源院（Ryōgen-in）和瑞峰院（Zuihō-in）。[Daitoku-ji；北区紫野大德寺町（Murasakino，Daitokuji-chō）53；各分寺门票不一；各分寺开放时间不同；S 乌丸线至北大路（Kitaōji）]

高桐院

佛教寺庙

2 见116页地图，A2

这座绝佳的庭园位于大德寺建筑群的西端，是京都最佳庭园之一，值得专程前往。庭园周围有一片漂亮的竹林，可以从一条长满青苔的小路前往。入园后可沿着不大的回游园走到园内最引人注目的景点：一方苔藓和枫树林，在后方竹林的映衬下格外漂亮。可以在走廊上多待一会儿充分领略美景。[Kōtō-in；北区紫野大德寺町（Murasakino，Daitokuji-chō）73-1；门票¥400；9:00~16:30；S 乌丸线至北大寺]

仙洞御所

历史建筑

3 见116页地图，D7

仙洞御所是京都御苑内第二处皇室财产（另一处就是京都御所）。围墙之内的建筑不算特别宏伟，但1630年由著名园林设

了解当地

预约参观京都皇室别馆及门票信息

自2016年年中开始，游览京都御所无须再申请许可。御所从周二至周日对公众开放，你只要直奔大门即可。儿童需要在一名成人的陪伴下入内。

但游览仙洞御所与其他皇室别馆仍需得到宫内厅京都事务所（Kunaichō）的许可。该事务所位于京都御苑内。在上午游览需要提前填写申请表并出示护照，也可以通过网站申请。未满18岁者不得进入各处御所。如果在下午游览，可以从11:00开始在景点处预订当日门票。每天门票数量有限，先到先得。仙洞御所的导览团队游为1小时，免费，配有日语解说和英语语音导览。

高桐院

计师小崛远州(Kobori Enshū)设计的花园非常棒。团队游(日文导览)时长1个小时。英语语音导览免费。18岁以下不得入内，需要携带护照。[Sentō Gosho; ☎075-211-1215; 中京区京都御苑(Kyoto Gyōen); 门票免费; ⏲团队游9:30、11:00、13:30和15:00; S乌丸线至丸太町或今出川]

下鸭神社

神道教神社

4 见116页地图，E3

这座神社建于8世纪，被联合国教科文组织列为世界遗产。下鸭神社位于鸭川和高野川(Takano-gawa)的交汇处附近，由一条林荫小道穿过一片名为纠之森(糺の森，Tadasu-no-Mori)的美丽林地即可到达。据说谎言在这片林地里无处藏身，因此这儿也是人们解决争端的理想场所。树林里多是阔叶树木(在京都很罕见)，春季非常美丽。[下鴨神社，Shimogamo-jinja; 左京区下鴨泉川町(Shimogamo, Izumigawa-chō) 59; ⏲6:30~17:00; 🚌京都市内公共汽车205路至下鸭神社前(Shimogamo-jinja-mae)，🚆京阪线至出町柳]

上贺茂神社

神道教神社

5 见116页地图，C1

上贺茂神社坐落在植物园以北约2

了解当地

宗教

神道教和佛教是日本的主要宗教。在历史上的大部分时期，这两种宗教都是相互交织的。如今日本的佛教徒只占总人口的三分之一，而笃信神道教的日本人更是只占区区3%；但多数日本人都会参加这两种宗教的年度仪式，他们视这些仪式为本国文化和社群纽带不可分割的组成部分。新年参拜神社和寺庙便是明证。若要大致区分的话，神道教主要与此生相关，即婴儿出生与嫁娶都在神社庆祝；而佛教与往生有关，葬礼和纪念仪式往往在寺庙进行。

神道教

神道教即“神之道”，是日本的本土宗教。神道教认为自然万物皆有神性，神（kami）存在于树木、岩石、瀑布和山峦之中，人们通过舞乐仪式即可召唤神灵，让神来到人们特意为之建造的神社之中，保佑人们丰收、生育等各种事宜。神灵的数量成千上万，既有备受敬仰的太阳神天照大神（Amaterasu），也有地位较低的灶神。

神道教没有核心典籍，所以很难界定，但有一条教义是明白无误的，那就是纯净。到神社参拜的话，先要在入口处的水池洗手漱口。许多仪式都与火或水有关，看重的就是这两样事物的清洁作用。经过长期的发展，今天神社的分工已经非常明确——既有护佑商业繁荣的神社，也有掌管姻缘的神社。

佛教

佛教在6世纪时经朝鲜半岛传入日本，大部分时间里一直都与神道教和平共处。日本人既信奉神灵，也信奉为了拯救一切挣扎于堕落世界的生灵而推迟进入涅槃的菩萨。

佛教的派别分化也波及日本，日本佛教中比较著名的宗派有禅宗、真言宗（与密宗有关）和净土宗（寻求往生净土）。净土宗的教义最能引发日本普通民众的共鸣，因此如今信徒最多。而香火最旺的，则是仁慈的净土宗神明观音菩萨。

上贺茂神社的鸟居

公里处，是日本最古老的神社之一，建于679年，创建时间甚至早于京都城本身。上贺茂神社是为供奉雷神（Raijin）修建的，也是京都17处联合国教科文组织世界遗产之一。目前神社的建筑（超过40处）——包括壮观的拜殿（Haiden），都是原建筑的精美复制品，其历史可追溯至17～19世纪。[上賀茂神社，Kamigamo-jinja；☎075-781-0011；北区上賀茂本山（Kamigamo，Motoyama）339；门票免费；⏲6:00～17:00；🚌京都市内公共汽车9路至上贺茂御园橋（Kamigamo-misonobashi）]

织成馆

博物馆

6 见116页地图，A5

这个博物馆很有气氛，而且通常很安静。它位于西阵一家纺织厂内，展出各种美丽的西阵织。[織成館，Orinasu-kan；上京区大国町（Daikoku-chō）693；门票 成人/儿童 ¥500/350；⏲10:00～16:00，周一闭馆；🚌京都市内公共汽车9路至崛川今出川]

船冈温泉

温泉

7 见116页地图，A4

历史悠久的船冈温泉是京都最好的一处温泉，这里拥有露天温泉、桑拿室、柏木浴盆、电动浴盆和药浴等设施。在崛川鞍马口（Horikawa-Kuramaguchi）的十字路口沿鞍马口通（Kuramaguchi-dōri）往西走约400米可到船冈温泉。温泉在你行进方向的左手边，离罗森便利店不远。看到大岩石就到了。[船岡温泉，Funaoka Onsen；funaokaonsen.info/en；北区紫野南舟岡町（Murasakino, Minami-Funaoka-chō）82-1；门票 ¥430；周一至周六 15:00至次日1:00，周日和节假日 8:00至次日1:00；从京都站可乘坐京都市内公共汽车9路至崛川鞍马口（Horikawa-Kuramaguchi）]

Haru料理教室

烹饪

8 见116页地图，E4

Haru料理教室位于出町柳（Demachiyanagi）北侧不远处的一个私人宅邸内，老师Taro会说英语，素菜（可能还是要用鱼汤）、荤菜都能教，课程持续3～4小时。通过电子邮件预约。

他还组织前往锦市场的团队游，每周一次，12:00发团（每人 ¥4000）。[料理教室はる；www.kyoto-cooking-class.com/index.html；左京区下鴨宮崎町（Shimogamo Miyazaki-chō）166-32；素食/非素食 每人¥5900/7900起；课程每天14:00开始，需要预约]

独家贴士

避开人群赏樱花

在樱花季（4月上旬），京都的主要景点几乎都游人如织。今出川通以北的鸭川或高野川岸边游人相对较少，可以避开拥挤的人群观赏樱花。

就餐

Sarasa Nishijin

咖啡馆 ¥

9 见116页地图，A4

这家咖啡馆位于一栋旧公共浴室建筑中，原来的瓷砖都保留了下来，是京都最有趣的咖啡馆之一。主要供应简餐和咖啡，服务效率不高，但环境优美，值得一去。门前排长队也是常有的事儿。咖啡馆就在船冈温泉附近。[さらさ西陣；075-432-5075；11-1 北区紫野東藤ノ森町（Murasakino Higashifujinomori-chō）；午餐 ¥960起；正午至23:00，周三不营业；京都市内公共汽车206路至大德寺前（Daitoku-ji-mae）]

娱乐

Club Ōkitsu Kyoto

日本文化

10 见116页地图，C7

这里可以让你充分了解到日本文化的诸多方面，包括茶道和香道。你会在京都御所附近一个精致的日式别墅中

绽放的樱花

聆听学习，由此真正体会到日本传统文化的优雅和细腻。[京都桜橘倶楽部，桜橘庵；☎075-411-8585；www.okitsu-kyoto.com；上京区上長者町通新町東入る元土御門町（Kamichōjamachi-dōri, Shinmachi higashi-iru, Mototsuchimikado-chō）524-1；Ⓢ乌丸线至今出川]

当地生活
岚山

到达和离开

🚆 JR嵯峨野/山阴线(Sagano/San-in Line)从京都站开往嵯峨岚山(Saga-Arashiyama)。

🚆 京福电铁岚山线(通称“岚电”,Randen)从大宫(Ōmiya)开往京福嵐山(Keifuku Arashiyama)。

岚山和嵯峨野是旅游热点,这里不但有绝美的风景,还能让人躲避城市的喧嚣。这也是为什么当地人会在周末蜂拥而至。不妨在这里探访散布于山坡上的寺庙,漫步穿越竹林,品尝顶级餐厅的美味佳肴,把忙乱的日常生活暂时抛到脑后。

❶ %Arabica

先去喝杯好喝的咖啡，**%Arabica**[☎075-748-0057; www.arabica.coffee; 右京區嵯峨天龍寺芒ノ馬場町(Saga-Tenryūji, Susukinobaba-chō) 3-47; ⏲8:00~18:00; 🚆JR嵯峨野/山阴线至嵯峨嵐山]的咖啡深得当地人青睐。这家咖啡馆很小，位于保津川对面的高处，透过大玻璃窗可观赏周围的群山。可以买杯咖啡带走，一边在河畔漫步，一边欣赏周围的美景。

❷ 龟山公园

向上游走到静谧的龟山公园(Kameyama-kōen)，这里是当地人享受宁静时光的场所，还有步道可以进山。公园风景秀丽，随便坐坐放松一下也很不错。沿途要留心调皮的猴子，它们偶尔来公园里摘果子。

❸ Shigetsu

在公园休憩之后，可以找地方吃午饭了。天龙寺中的料理店Shigetsu(篩月)供应好吃又健康的斋饭，上百年来一直受到僧人的喜爱。在为后续行程补充体力时，还可以欣赏庭园的美丽景致。

❹ 岚山竹林

岚山竹林[右京区嵯峨小倉山(Saga, Ogurayama); 门票免费; ⏲清晨至黄昏; 🚌从京都站开出的京都市内公共汽车28路至岚山天龙寺前(Arashiyama-Tenryuji-mae), 🚆JR嵯峨野/山阴线至嵯峨嵐山或阪急线(Hankyū line)至嵐山，在桂(Katsura)换乘]非常出名，茂密的竹林一眼望不到边，光线照进来有种超凡脱俗的美。这里不但吸引大批游客，当地人也难以抗拒这样的美景。照些漂亮的照片，再花点时间充分享受竹林带来的视觉震撼。

❺ 大河内山庄

走出竹林之后，你会看到华丽的**大河内山庄**[大河内山莊, Ōkōchi Sansō; 右京区嵯峨小倉山田淵山町(Sagaogurayama, Tabuchiyama-chō)8; 门票 ¥1000; ⏲9:00~17:00; 🚌从京都站开出的京都市内公共汽车28路至岚山天龙寺前, 🚆JR嵯峨野/山阴线至嵯峨嵐山或阪急线至嵐山，在桂换乘]。山庄的主人是日本昭和时代的著名演员大河内传次郎。这里景色优美，庭园令人赞叹，沿着小径上到高处还可以眺望山那边的景色。这里还有一家漂亮的茶室，你可以喝杯抹茶，吃块点心。

❻ 吉兆

往回走，穿过龟山公园，一直到保津川岸边，沿风景优美的河畔小路漫步至京都顶级怀石料理餐厅之一的吉兆(岚山本店, Kitcho Arashiyama)。这里供应精致的菜肴，客人们可以坐在包间里，一边就餐一边欣赏庭园美景。

探 索

南 区

南区（minami）包括难波、心斋桥、道顿堀和美国村等街区，如果把北区比作捧哏的配角，那么南区就是逗趣的主角。这里有闪烁的霓虹招牌和热闹的街头生活，正是你想象中大阪的模样。白天时，南区主要是熙熙攘攘的商业区，到了晚上，这里就是餐厅、酒吧、夜店和剧院的天下了。

一日游行程

在20世纪40年代风格的经典咖啡馆**Jun-kissa American**（见137页）吃早饭喝咖啡。之后沿着狭窄的小巷前往**法善寺**（见134页）一探究竟。接下来去历史悠久的**黑门市场**（见133页）看看琳琅满目的商品，再从**道具屋筋商店街**（见139页）应有尽有的厨房用具中挑选心仪的物品。到了该吃午饭的时候，一定要去**Wanaka Honten**（见134页）尝尝大阪著名的街边小吃章鱼烧。

下午沿着**心斋桥筋商店街**（见140页）漫步，还能时不时绕路去**Standard Books**（见139页）和**Village Vanguard**（见140页）等书店逛逛。

去戎桥看看，然后到霓虹闪烁的**道顿堀**（见128页）凑热闹。这里有许多就餐选择，**今井本店**（见135页）和**正弁丹吾亭**（见135页）都很不错。晚饭之后，到**美国村**（见133页）逛酒吧和夜店。

想体验南区当地人的一天，见130页。

顶级景点

道顿堀（见128页）

当地生活

新世界（见130页）

大阪最佳

就餐

Wanaka Honten（见134页）

千房（见134页）

正弁丹吾亭（见135页）

今井本店（见135页）

饮品和夜生活

Circus（见137页）

Jun-kissa American（见137页）

Misono Building（见138页）

Folk Rock Bar Phoebe（见138页）

到达和离开

S 地铁 难波（Namba）和心斋桥（Shinsaibashi）站都在地铁御堂筋线（Midō-suji Line）上，前往南区各地非常方便。

顶级景点

道顿堀

道顿堀（Dōtombori）是大阪最热闹的夜生活场所，拍照特别上镜。道顿堀得名于有400年历史的运河道顿堀川，现在的道顿堀两边是人行道，河水中倒映着广告牌的灯光。道顿堀以南有一条与运河平行的步行街，两旁有数十家餐馆和剧院，到处都是五光十色的灯牌。

道頓堀

见132页地图，C3

www.dotonbori.or.jp

S 御堂筋线至难波，14出口

格力高跑步者广告牌

在运河河畔的灯箱招牌中，大阪糖果制造商格力高的广告牌——斗志昂扬地冲过终点线的跑步者——最为引人注目。该广告牌最初竖立于1935年，最近的一次重新布置是在2014年，如今已用节能LED灯取代了霓虹灯照明。在**戎桥**（戎橋，Ebisu-bashi）上观看的视角最佳。

食倒太郎

大阪的另一标志是食倒太郎（食い倒れ太郎，Kuidaore Tarō），这个敲鼓小丑的形象代表着大阪的“食倒”（吃到倒下为止）文化。20世纪50年代，食倒太郎的形象首次出现，最著名的食倒太郎雕像在中座食倒大厦（见134页）入口处。

蟹道乐本店

道顿堀满是吸引眼球的商店招牌，不过还是**蟹道乐本店**[かに道楽本店，Kani Dōraku Honten；中央区道頓堀（Dōtombori）1-6-18；S 御堂筋线至难波，14号出口]入口处的巨大螃蟹最为招摇。这家餐馆的主打菜当然就是螃蟹。餐馆门外出售外卖蟹肉寿司卷（¥1200起）。

街头美食

道顿堀的步行街两旁美食摊贩林立，随处可见巨大的饺子（gyōza）、章鱼烧（tako-yaki）等广告牌。两家最具人气的餐馆分别是以一条巨龙为招牌的金龙拉面（见136页），以及主打炸串（kushikatsu）的Daruma Dōtombori-ten（见136页；店前有手拿炸串的愤怒人像）。

☑ 独家贴士

- 广告灯箱从18:00至午夜亮灯，这个时段游览最为适宜。
- 无论是周末还是工作日，道顿堀的主干道在晚间往往都人满为患（多数是游客）。不过道顿堀河畔散步道上的人通常没那么多。
- 有名的美食摊前会排起长队；白天等位的食客较少（不出名的就餐选择也很多）。
- 有些长凳可供人们坐着休息或吃外卖。

吃喝落脚点

如果想找个安静的就餐地点，可以去面馆今井本店（见135页）。

Jun-kissa American（见137页）位于与道顿堀步行街垂直的千日前商店街（Sennichi-mae shōtengai），可以到这里喝杯咖啡稍事休息。

当地生活
新世界

100年前，新世界曾经是一个前卫的游乐园。现在它是稍显破落又充满复古气息的休闲娱乐街区。这里有古老（略简陋）的弹珠机和麻将馆，还有便宜又有趣的餐馆以及一座大型浴场，给人一种20世纪中期的怀旧感。

❶ 新世界市场

好吧，**新世界市场**（Shin-Sekai Ichiba）也曾经辉煌过，只不过现在许多店铺都已关闭。好在你还能看到零星的摊贩售卖茶、传统甜品和其他日用杂货。在过去的几年里，有家大型广告公司资助了一些年轻艺术家为商店创作海报，这些海报就挂在商店街里（有些非常有趣）。

❷ 通天阁

通天阁[Tsūten-kaku; ☎06-6641-9555; www.tsutenkaku.co.jp; 浪速区恵美須東(Ebisu-higashi)1-18-6; 成人/学

生/儿童 ¥700/500/300; ⏲9:00~21:00; Ⓢ御堂筋线至动物园前(Dōbutsuen-mae),5号出口,🚉JR环线至新今宫(Shin-Imamiya)]是新世界的标志。它建于1912年,高63米,是当时亚洲第二高的建筑。通天阁于1943年毁于大火,后来在1956年重建,新的钢结构塔楼高达103米。单就高耸的塔楼来说,这里并不出奇——它在当地人心中的意义更重要。

❸ Jyan-jyan横丁

Jyan-jyan横丁(ジャンジャン横丁, Jyan-jyan-yokochō)得名自此地曾不绝于耳的三味线拨弦声。100年前,这条狭窄的小巷连接着新世界与一处红灯区(后被疏散),因此道路两旁出现了许多便宜又热闹的餐馆,吸引着从这里走过的醉酒主顾。如今这些餐馆依然营业。

❹ Spa World

Spa World[スパワールド; ☎06-6631-0001; www.spaworld.co.jp; 浪速区恵美須東(Ebisu-higashi)3-4-24; 3小时/1日通票 周一至周五 ¥2400/2700,周六和周日 ¥2700/3000,午夜至次日5:00 另加¥1300; ⏲10:00至次日8:45; Ⓢ御堂筋线至动物园前,5号出口,🚉JR环线至新今宫]是个拥有世界各地多种温泉风格的大型温泉浴场。这里非常有趣,你会在这里感受到日本人对洗浴(赤身裸体,提供毛巾)的狂热。另有一个水上乐园,形形色色的客人穿着泳衣玩乐。

❺ 新世界的主干道

新世界的主干道两旁有许多餐馆,非常热闹,也很吸引人。正中有个巨大的河豚形状灯笼招牌,你猜对了,这家店的主打菜就是河豚(fugu)。当地人亲切地把这里称为大阪的巅峰。

❻ 福神

逛新世界时候肯定会看到福神(Billiken),这个金色的、像丘比(Kewpie)一样的娃娃坐在一个写有英文"The God of Things as they Ought to Be"的底座上。为什么是英文呢?因为这个形象是20世纪初由美国密苏里州堪萨斯城一位美术教师创造出来的。福神首次在大阪亮相是在通天阁开幕式上,此后就留了下来。

❼ Daruma

新世界的招牌美食是炸串(kushikatsu)。**Ganso Kushikatsu Daruma Honten**[元祖串かつ だるま本店; ☎06-6645-7056; www.kushikatu-daruma.com; 浪速区恵美須東(Ebisu-Higashi)2-3-9; 炸串 ¥110~220; ⏲11:00~22:30; 🗐; Ⓢ御堂筋线至动物园前,5号出口]自1929年开业,据说就是炸串的诞生地。这家餐馆有几间分店,但对于许多日本人来说,到这家总店享用炸串堪称朝圣,是大阪之行必不可少的环节。

❽ Nocosare-jima

行程的终点是**Nocosare-jima**[のこされ島; www.nocoto.com; 浪速区恵美須東(Ebisu-higashi)1-17-7 二楼; ⏲19:00至次日1:00; Ⓢ御堂筋线至动物园前,5号出口]。这家温馨舒适的酒吧透着一股海滩棚屋酒吧的气息,供应东南亚和冲绳风味小吃。

A
B
C
D
1
2
3
4
5
19
Hanshin Expwy
阪神高速公路
Crysta Underground Mall
Crysta地下商店街
25
Nagahori-dōri長堀通
Unagidani-Kita-dōri 鰻谷北通
Unagidani-Minami-dōri 鰻谷南通
Yotsubashi
四橋
Shinsaibashi
心斎橋
Nagahoribashi
長堀橋
SHINMACHI
新町
28
SHINSAIBASHI
心斎橋
9
Daihōji-dōri
大宝寺通
Sakai-suji
堺筋
CHŪŌ-KU
中央区
NISHI-KU
西区
18
14
15
26
13
Shimizu-dōri清水通
HIGASHI-
SHINSAIBASHI
东心斎橋
Amerika-
Mura
27
Yotsubashi-suji
四之橋筋
Midō-suji御堂筋
Shinsaibashi-suji Arcade
心斎橋筋商店街
1 美国村
Suomachi-dōri周防町通
20
AMERIKA-
MURA
29
8
美国村
22
24
Hachiman-dōri 八幡通
Mitsudera-dōri 三寺通
17
Tombori River Walk
道顿堀River Walk
Tombori River Walk
道顿堀River Walk
Dōtombori-
gawa
道顿堀川
Nakaza
Cuidaore
Building
中座食倒大厦
4
12
11
6
16
Dōtombori
道顿堀
10
7
3
Hōzen-ji
法善寺
DŌTOMBORI
道顿堀
Namba
難波
Namba
難波
Kintetsu
Namba
近鉄難波
Nipponbashi
日本橋
Kintetsu
Nipponbashi
近鉄日本橋
JR Namba
JR難波
Ebisu-bashi-suji Arcade
戎橋筋商店街
Sennichi-mae Arcade
千日前商店街
NAMBA
难波
2
Kuromon
Ichiba
黑门市场
Kuromon Ichiba
黒門市場
30
Midō-suji御堂筋
Nansan-dōri
なんさん通り
5
URA-
NAMBA
里难波
23
NANIWA-KU
浪速区
Nansan-dōri なんさん通り
Nankai
Namba
南海難波
Ota Rd
オタロード（御宅路）
DENDEN
TOWN
电电城
21
详细介绍请见
顶级景点 128页
景点 133页
就餐 134页
饮品 137页
娱乐 139页
购物 139页
0 200 m
0 0.1 miles

ISARESCHEEWIN/SHUTTERSTOCK ©

黑门市场的购物者

景点

美国村

街区

1 见132页地图，B2

位于御堂筋西边的美国村是一处时尚“飞地”，它把握着年轻人的时尚潮流，汇集众多个性店铺，还有咖啡馆、酒吧、文身穿洞店、夜店、美发沙龙，以及一些服务周到的情侣旅馆。美国村的中心地带是三角公园（见134页），这座全混凝土“公园”内设有长椅，可坐在公园里观察来来往往的日本潮流新生代。到了晚上，这里就成了高人气聚会地点。[アメリカ村，America Village，Ame-Mura；中央区西心斎橋（Nishi-Shinsaibashi）；S 御堂筋线至心斋桥，7号出口]

黑门市场

市场

2 见132页地图，D4

100多年来，这个长600米的市场一直是大阪的地标，它既是市场，也是旅游景点。摊贩出售新鲜的鱼类、肉类、农产品和泡菜，吸引着餐馆厨师和当地家庭前来采买；有些商铺还出售外卖寿司或迎合游客需求支起烤架将牛排和牡蛎等现烤现卖——这个市场既适合品尝美食，也适合拍照。[黒門市場，Kuromon Ichiba；www.kuromon.com；中央区日本橋（Nipponbashi）；大部分商铺10:00~17:00，周日歇业；S 堺筋线（Sakai-suji Line）至日本橋，10号出口]

当地生活

三角公园

三角公园（三角公園，Sankaku-kōen；中央区西心斎橋；S 御堂筋线至心斎橋，7号出口）位于美国村的中心地带，是一座全混凝土"公园"，公园内设有长椅，可坐在公园里观察来来往往的日本潮流新生代。到了晚上，这里就成了高人气的碰面地点。

法善寺

佛教寺庙

3 见132页地图，C3

这座不大的寺庙隐藏在一条狭窄的小巷内。寺院内有一尊被苔藓覆盖的密宗不动明王（Fudō Myō-ō）像。这尊雕像是"水商卖"（mizu shōbai；色情业的委婉语）从业者的最爱，他们在工作前会向佛像洒水以示敬意。[Hōzen-ji; houzenji.jp; 中央区难波（Namba）1-2-16; S 御堂筋线至难波，14号出口]

中座食倒大厦

知名建筑

4 见132页地图，C3

最著名的食倒太郎雕像所在地，这个敲鼓小丑的形象代表着大阪的"食倒"（吃到倒下为止）文化。[中座くいだおれビル, Nakaza Kuidaore Building; 中央区道顿堀（Dōtombori）1-7-21; S 御堂筋线至难波，14号出口]

就餐

Wanaka Honten

街头美食 ¥

5 见132页地图，C4

这家著名的章鱼烧店铺就在道具屋筋（Dōguya-suji）商店街北侧，使用定制的铜（而非铸铁）烤盘制作外皮酥脆得多（内里仍然很嫩）的章鱼烧。菜单带图片，店后有桌椅。有一道备受欢迎的tako-sen（たこせん，仙贝夹两个章鱼烧）值得品尝。[わなか本店; ☎ 06-6631-0127; takoyaki-wanaka.com; 中央区千日前（Sennichi-mae）11-19; 章鱼烧8个 ¥450起; ⏲ 周一至周五 10:00~22:00，周六和周日 8:30~22:00; S 御堂筋线至难波，4号出口]

千房

御好烧 ¥¥

6 见132页地图，C3

尝试大阪招牌美食御好烧的好地方。店门口几乎总是排长队，好在等待时间不长，因为各楼层都有座位（不过你可能也想要俯瞰道顿堀运河的紧俏餐位）。尝尝店制特色道顿堀烧（Dōtombori yaki），其中含猪肉、牛肉、鱿鱼、虾和奶酪。另外一种独一无二的特色食品是tonpei-yaki（蛋卷包猪肉叉烧）。[Chibō; ☎ 06-6212-2211; www.chibo.com; 中央区道顿堀（Dōtombori）1-5-5; 主菜 ¥885~1675; ⏲ 周一至周六 11:00至次日1:00，周日至午夜; 📄; S 御堂筋线至难波，14号出口]

正弁丹吾亭

怀石料理 ¥¥¥

7 见132页地图，C3

以这家割烹料理（kappō-ryōri）餐厅的资历而言，完全可以定出更高的菜价。餐厅开业已逾百年，在20世纪早期曾是文人学者频繁光顾之地。即便最便宜的套餐——由主厨决定上哪5道菜，也是味觉与视觉的双重豪华享受。除了最便宜的套餐外都需要预订。[Shouben-tango-tei; 06-6211-3208; 中央区道頓堀（Dōtombori）1-7-12; 晚餐套餐 ¥3780~10,800; 17:00~22:00; ; 御堂筋线至难波，14号出口]

今井本店

乌冬面 ¥¥

走进这里就如步入一片平静的绿洲，远离道顿堀的混乱喧嚣，在身着和服的工作人员热情款待下，在这间该地区最古老、最受崇敬的乌龙面专营店品味美食。试试狐狸乌冬面（kitsune udon）——配有浸满汤汁的炸豆腐切片的汤面。看到**大起水产**（**11** 见132页地图，C3）附近的传统店面就是了，门口有柳树。[Imai Honten; 06-6211-0319; www.d-imai.com; 中央区道頓堀（Dōtombori）1-7-22; 菜肴 ¥765起; 周四至周二 11:00~22:00; ; 御堂筋线至难波，14号出口]

Za Ikaga

街头美食 ¥

8 见132页地图，B2

这家小食摊的招牌菜是烤鱿鱼（ika-yaki），不过会把鱿鱼卷在薄饼里，还配上鸡蛋、美乃滋酱和咸香的御好烧式酱料。柜台处有几个座位，你也可以把折叠椅打开坐在街旁（特别适合观察美国村的众生相）。有配图片的菜单。[ザ・イカが; 06-6212-0147; www.ikayaki.jp; 中央区西心斎橋（Nishi-Shinsaibashi）2-12-8; 菜肴 ¥300起; 周四至周二 18:00至次日4:00; 御堂筋线至心斎橋，7号出口]

Nishiya

日本料理 ¥¥

9 见132页地图，C2

这家好客的大阪餐厅稍稍远离心斋桥的繁忙街道，供应各种乌冬面、丰盛的锅物料理以及涮涮锅（在汤底中煮切成薄片的肉类和蔬菜，蘸调料吃），价格公道。看到有滑门的传统三层木质建筑就是了，就在街角北边。[にし家; 06-6241-9221; www.nishiya.co.jp; 中央区東心斎橋（Higashi-Shinsaibashi）1-18-18; 菜肴和午餐套餐 ¥650~1700，晚餐套餐 ¥3760~7540; 周一至周六 11:00~23:00，周日 至21:30; ; 御堂筋线至心斎橋，5号或6号出口]

Zauo

海鲜 ¥¥

10 见132页地图，D3

Zauo的长条形"渔船"就在海鲜池上方，客人钓到什么，晚饭就吃什么——对于不太讲究的孩子们来说，这里特别有趣。"渔船"上还设有就餐的桌位。如果你幸运地将鱼钓上来，餐厅里会响起祝贺的鼓乐，随后你的鱼会被送至厨房，厨师们会根据你的喜好进行烹饪（费用根据鱼的种类而定）。美食是分享式的。[ざうお難波本店；☎06-6212-5882；www.zauo.com；日本橋（Nipponbashi）1-1-13 Washington Hotel Plaza B1楼；菜肴 ¥680~3600；⏰周一至周五 17:00至午夜，周六和周日 11:30至午夜；📋 👪；S 堺筋线至日本橋，6号出口]

金龙拉面

拉面 ¥

这家餐馆位于**大起水产**（11 见132页地图，C3）附近，上方有个绿色巨龙招牌。这里既有室内桌椅也有室外就餐区，座位面朝道顿堀的热闹街道，供应家常面。先通过机器购买食物券，再在榻榻米平台找个矮桌坐下来。吃面时，可以加泡菜、大蒜或炸过的香葱，然后搅拌一下。叉烧（chāshū）拉面特别好吃。吃完就走吧，因为总有人在排队等位。[金龍ラーメン，Kinryū Ramen；☎06-6211-6202；中央区道頓堀（Dōtombori）1-7-26；普通/猪肉叉烧 拉面 ¥600/900；⏰24小时；S 御堂筋线至难波，14号出口]

大起水产

寿司 ¥¥

11 见132页地图，C3

这家回转寿司店在道顿堀很显眼的位置上，店内空间不算小，有50多个座位。每碟的价格取决于碟子的颜色，碟子上还贴心地附有多种语言的菜名。服务员会说一点英语。除了寿司之外，这里也有烹制食品，包括炸鸡（tori no karaage）和炸金枪鱼等。[大起水産，Daiki Suisan；☎06-6214-1055；中央区道頓堀（Dōtombori）1-7-24；菜肴 ¥110~540；⏰11:00~23:00；🚭 📋；S 御堂筋线至难波，14号出口]

Daruma Dōtombori-ten

炸串 ¥¥

12 见132页地图，C3

著名炸串店Daruma（见131页）在道顿堀的分店，门口会排起长队（座位很多，等候时间并不长）。先尝尝售价¥1510的"道顿堀套餐"，该套餐含9根炸串和一道开胃菜。注意寻找手拿炸串的愤怒人像。[だるま道頓堀店；☎06-6213-8101；1-6-4 中央区道頓堀（Dōtombori）；炸串 ¥120~230；⏰11:30~22:30；S 御堂筋线至难波，14号出口]

Planet 3rd

咖啡馆 ¥

13 见132页地图，B2

这家又宽敞又舒服的咖啡馆位于美国村，咖啡、饮品和意大利面、三明治、沙拉、盖饭等多种口味的简餐都很不错。咖啡馆装饰现代，有大窗户，坐在店内可以观看往来人群，还为客人提供iPad。[プラネットサード心斎橋店；中央区西心斎橋（Nishi-Shinsaibashi）1-5-24；早餐自助 ¥1080，午餐/晚餐主菜 ¥920起；⏰7:00至午夜；🚭 📶 📋；S 御堂筋线至心斎橋，7号出口]

Banco

咖啡馆 ¥

14 见132页地图，B2

这家咖啡馆位于一条典型的美国村小巷，艺术气息浓郁，供应美味的咖啡（意式浓缩咖啡¥330）、帕尼尼和意大利香肠。可以顺路过来吃个午饭，或者晚上来

金龙拉面

喝上几杯。[バンコ; ✆080-6113-2504; 中央区西心斎橋(Nishi-Shinsaibashi)1-9-26; 三明治 ¥550起, 午餐套餐 ¥1080; ⏲11:30至次日2:00; 📋; S 御堂筋线至心斎橋, 7号出口]

饮品

Circus 夜店

15 见132页地图, B2

这家不大的夜店是大阪地下电子音乐的核心地带, 顾客更多是为音乐而来, 而非结识异性。舞池不许吸烟。周五和周六的夜晚营业, 平日偶尔也开张。留意寻找英语小招牌, 要带上有照片的身份证件。[✆06-6241-3822; circus-osaka.com; 中央区西心斎橋(Nishi-Shinsaibashi)1-8-16 2楼; 入场费 ¥2000~2500; ⏲23:00至深夜; S 御堂筋线至心斎橋, 7号出口]

Jun-kissa American 咖啡馆

16 见132页地图, C3

20世纪40年代的内部装饰完好, 女服务员身穿长裙, 是一家经典的jun-kissa(純喫茶), 属于"二战"后美国占领时期日本出现的第一波咖啡馆之一。11:00之前到来可以享用"晨间套餐"(¥620), 有松软的黄油面包、煮鸡蛋和咖啡。留意找店外的铬合金招牌。[純喫茶アメリカン; ✆06-6211-2100; 中央区道頓堀(Dōtombori)1-7-4; ⏲9:00~23:00; S 御堂筋线至难波, 15号出口]

当地生活

里难波

里难波（裏難波，ura-Namba；即“难波后面”）在难波南海站（Namba Nankai）的背后，并非官方划定的行政区域。这里汇集了许多小餐馆和酒吧，日益变成时尚的休闲场所。想要逛酒吧的话，**Misono Building**［味園ビル，Misono Biru；中央区千日前（Sennichi-mae）2-3-9 Misono Bldg2楼；⏲18:00至深夜；S 堺筋线至日本桥，5号出口］是个好去处。这栋建筑曾经辉煌过，如今已渐渐凋敝，但在2楼还有数十家酒吧。

Folk Rock Bar Phoebe

酒吧

17 见132页地图，B3

满是黑胶唱片和小摆设的这家酒吧看上去就像是在老嬉皮士的储藏室里（是好的那种）开了个吧台。好客的老板用唱片机播放摇滚民谣，鸡尾酒（¥700起）和食物都很可口。外面有个英文标志。［中央区西心斎橋（Nishi-Shinsaibashi）2-7-22，Dōtombori Heights 108；⏲19:00至次日2:00；S 御堂筋线至难波，14号出口］

Rock Rock

酒吧

18 见132页地图，B2

自1995年以来，这间酒吧就一直致力于为爱好音乐的人群提供服务，并一直为各项国际性活动承办派对，因此常常吸引名流到访。定期举办的活动仅收取适度的入场费（通常为¥1500，含一张饮品券），可以一睹大阪那些最棒的摇滚DJ（和名人）的精湛表演。［ロックロック；www.rockrock.co.jp；中央区西心斎橋（Nishi-Shinsaibashi）1-8-1 Shinsaibashi Atrium大楼3楼；⏲周一至周六 18:00至次日5:00，周日 至次日1:00；S 御堂筋线至心斎橋，7号出口］

Mel Coffee Roasters

咖啡馆

19 见132页地图，A1

这家小小的外卖咖啡馆——复古的Probat烘焙机就占了一半店面——自2016年开业以来便提高了大阪咖啡的平均品质。老板能讲流利的英语，乐于讨论各种单一产地手冲咖啡的不同口味。［メル・コーヒー・ロースターズ；☎06-4394-8177；www.mel-coffee.com；西区新町（Shinmachi）1-20-4；咖啡¥400起；⏲周二至周五 9:00~19:00，周六和周日 11:00~19:00；S 四之橋线（Yotsubashi Line）至四之橋，2号出口］

Cinquecento

酒吧

20 见132页地图，D2

店名为意大利语，意思是“500”——名副其实，在这间温馨的酒吧里，任何项目都仅需¥500。酒吧靠近堺筋（Sakai-suji）的一角。留意一个红色圆圈里有数字5的招牌。［チンクエチェント；中央区東心

斎橋(Higashi-Shinsaibashi)2-1-10; ⌚周一至周六 20:00至次日5:00, 周日 至次日3:00; S 堺筋线至长堀橋(Nagahoribashi), 7号出口]

娱乐

Namba Bears

现场音乐

21 ☆ 见132页地图, B5

30年来, 这里一直是大阪地下音乐的现场演出场所。场地不大, 裸露的水泥墙, 烟雾缭绕, 非常适合朋克、摇滚和独立音乐的乐队演出。为了响应这里的另类精神, 你甚至可以自己带啤酒来。多数演出19:00开始; 门票价格往往在¥2000~2500。[難波ベアーズ; ☎06-6649-5564; namba-bears.main.jp; 浪速区難波中(Namba-naka)3-14-5; S 御堂筋线至难波, 4号出口]

火影

现场音乐

22 ☆ 见132页地图, B2

看着就像内部墙壁被扯掉的(很有可能的确如此)办公室, 这里非常适合摇滚、朋克与噪音乐队的演奏。场地很小, 乐队可能就要占去一半。楼下的休息室有破破烂烂的沙发, 楼上音乐一响, 沙发好像也会跟着震动起来。[Hokage; ☎06-6211-2855; www.musicbarhokage.net; 中央区西心斎橋(Nishi-Shinsaibashi)2-9-36地下层; 门票 约¥1500; ⌚时间不定; S 御堂筋线至心斎橋, 7号出口]

购物

道具屋筋商店街

市场

23 🔒 见132页地图, C4

这个长长的商店街出售的几乎所有商品, 都围绕着大阪人最本质的追求: 食物。竹制蒸笼、漆制味噌汤碗、店铺灯笼、制作章鱼烧的烤盘等应有尽有。每家店的营业时间不同。[Dōguya-suji Arcade; www.doguyasuji.or.jp/map_eng.html; 中央区千日前(Sennichi-mae); ⌚10:00~18:00; S 御堂筋线至难波, 4号出口]

Standard Books

书籍

24 🔒 见132页地图, B2

这家备受小众爱好者追捧的大阪书店最引以为豪的是, 店里不出售任何畅销书。这里出售的都是小出版社发行的作品、艺术书籍、独立漫画等图书, 还有

独家贴士

向上看, 向下看

在夜间漫步于大阪的狭窄街道, 觉得自己要找的地方要么没开、要么搬走的时候, 要记得提醒自己, 日本的酒吧往往都在建筑的上层或地下室等隐秘位置。留意建筑两侧的招牌, 上面都会标明各楼层有些什么机构, 还要学会用日语问: "……在哪里?"(...wa doko des ka?)

CD与新奇的时装饰品。[スタンダードブックストア; ☎06-6484-2239; www.standardbookstore.com; 中央区西心斎橋(Nishi-Shinsaibashi)2-2-12; ⌚11:00~22:30; S 御堂筋线至心斎橋, 7号出口]

Tokyu Hands 百货商店

25 见132页地图, C1

Tokyu Hands是一家DIY和家居用品连锁店, 你可以在这里发现许多虽然用不到却很喜欢的东西。这里的几个楼层都屯满了奇怪的工具, 设计精妙的灯具、钟表、古董和初学手工艺者需要的材料等。在梅田(见156页)还有家小些的分店。[東急ハンズ; www.tokyu-hands.co.jp; 中央区南船場(Minami-Senba)3-4-12; ⌚10:00~21:00; S 御堂筋线至心斎橋, 1号出口]

心斋桥筋商店街 购物中心

26 见132页地图, B2

这条商业街位于御堂筋以东, 是日本最大的购物区之一, 长达8个街区的拱廊商店街非常有名, 到处都是国内外服装品牌、药妆店、书店和其他出售日用杂货的店铺。据估计, 这条商业街在周末吸引的购物者超过10万人, 所以做好非常拥挤的准备。(心斎橋筋商店街, Shinsaibashi-suji Shōtengai; www.shinsaibashi.or.jp; S 御堂筋线至心斎橋, 4号出口)

Flake Records 音乐

27 见132页地图, A2

大阪最在行的音乐商店, 出售全新、二手、本地、进口的各类CD和唱片。老板会说几句英语, 可以让他推荐当地的音乐。这里也是获取现场音乐演出宣传页的好场所。[☎06-6534-7411; www.flakerecords.com; 西区南堀江(Minami-Horie)1-11-9 Sono Yotsubashi大楼2楼201; ⌚正午至21:00; S 四之橋线至四之橋, 6号出口]

Village Vanguard 书籍

28 见132页地图, B1

这间店以"令人兴奋的书店"自居, 有趣、不墨守成规、时尚、充满街头活力, 是一个挑选日本旅行纪念品的好地方。书架上那些凌乱的书籍和杂志之间还放着各种杂物, 例如图案新颖的T恤衫、各类饰品、新奇的小礼品、家居用品等。[ヴィレッジヴァンガード; www.village-v.co.jp; 中央区西心斎橋(Nishi-Shinsaibashi)1-10-28; ⌚11:00~23:00; S 御堂筋线至心斎橋, 7号出口]

Orange Street 时装和饰品

29 见132页地图, A2

这条街道在时尚的南堀江地区, 两旁出售街头服饰的时尚精品店鳞次栉比。小巷里可看的东西更多(还有许多咖啡

PHOTO JAPAN/AGEFOTOSTOCK ©

在美国村（见133页）购物

馆）。[西区南堀江立花通（Minami-Horie, Tachibana-dōri）; S 四之橋线至四之橋，6号出口]

高岛屋

百货商店

30 见132页地图，B4

大阪老牌百货商店的旗舰店，出售商品多数是国际品牌。想要找些当地特色的话，6楼的精选家居用品值得一看。地下的美食广场也相当不错。[大阪タカシマヤ, Osaka Takashimaya; www.takashimaya.co.jp/osaka; 中央区難波（Namba）5-1-5; ⏲10:00~20:00; S 御堂筋线至难波，4号出口]

顶级景点
大阪城

到达和离开

JR环线（Loop Line）至森之宫（Morinomiya）或大阪城（Osaka-jō）；京滨线（Keihin Line）至天满桥（Temmabashi）。

S 谷町线（Tanimachi Line）至天满桥或谷町四丁目（Tanimachi 4-chōme）；中央线（ChūōLine）至谷町四丁目或森之宫。

在16世纪末统一日本后，将军丰臣秀吉建造了这座象征权力的城堡（1583年），据说当时征用了10万名工人。虽然现在的建筑是1931年用水泥重建的（1997年再次翻修），但这个被公园和护城河环绕的建筑无疑是值得一游的景点。城内还有博物馆展示历史文物。

不要错过

城墙

最初由丰臣秀吉建造的花岗岩建筑据说坚不可摧，但它在1614年被德川家康（德川幕府初代将军）的军队摧毁。家康后来重建了大阪城，运用当时最先进的技术，以巨石造就极其雄伟的城墙。据估计，最大的石头重逾百吨；有些石头上还刻有大名的家徽。

角楼和城门

大阪城内有13座建筑的历史可以追溯到17世纪的重建。位于城堡西侧的主城门**大手门**（Ote-mon）、大手门旁边的**千贯橹**（Sengan-yagura）以及位于西北角的**乾橹**（Inui-yagura）都建于1620年，历史最为悠久。

天守阁和博物馆

城堡大部分在20世纪初都已成废墟，大阪市民募集资金重建了天守阁。1931年，天守阁宣告落成，它墙壁雪白，飞檐上还装饰有熠熠生辉的金箔老虎。天守阁内有博物馆，展示着封建时代以来的历史文物、绘画、书卷和甲胄。

院落

从天守阁8楼的观景台可以看到大阪城周边的宽广草地。对于当地居民来说，这些绿地是城堡最大的吸引力所在，从前士兵们的训练场如今成了家庭和情侣们野餐、漫步的场所。

大阪城

www.osakacastle.net

中央区大阪城(Osaka-jō)1-1

院落/天守阁 免费/¥600

9:00~17:00，8月至19:00

独家贴士

- 可以乘电梯到天守阁的5楼，但之后必须走楼梯到8楼（残障旅行者可乘电梯直抵8楼）。
- 夜晚可以看到泛光灯照明下的大阪城。
- 周末如果天气暖和的话，游览院落时可以看到当地音乐人在草地上即兴演奏。

吃喝落脚点

大门外聚集着许多摊贩，售卖章鱼烧和热狗等街头美食。

在面包房**Gout**[グウ；中央区本町(Honmachi)1-1-10；周五至周三 7:30~20:00]可以买到很多好吃的野餐食品。

顶级景点

东大寺和奈良公园

到达和离开

在京都站乘近铁(Kintetsu)和JR奈良线(Nara Line),车程35~50分钟。

在大阪难波站乘近铁或JR关西线(Kansai Line),车程30~45分钟。

奈良(Nara)这座小城是日本历史上首次定都的城市,从京都或大阪到这里一日游绝对不虚此行。奈良最吸引人的景点是大佛(Daibutsu),它是世界上最大的青铜佛像之一,也是坐落在梅花鹿成群的奈良公园中宏伟的东大寺(Tōdai-ji)的镇寺之宝。

大佛像

不要错过

奈良公园

东大寺位于奈良公园（奈良公園，Nara-kōen）中，这座漂亮的公园占据着城市的东部，奈良最重要的寺庙、神社和博物馆大多都位于此，此外园内还有约1200头鹿。在佛教传入日本之前，鹿被认为是神灵们的信使，时至今日仍然拥有“国宝”的地位。它们在园内嬉戏徜徉，从游客手里觅得食物。

大佛殿

名列联合国教科文组织世界遗产的东大寺是在奈良时代（710~794年）由圣武天皇下旨修建。寺庙建筑群竣工于798年，但那时天皇已将都城由奈良迁至京都。寺内的大佛殿（Daibutsu-den）长57米、高48.74米，是世界上最大的木质建筑之一。

大佛

大佛端坐在大佛殿内。巨大的大佛像铸于746年，后来的几百年间经过数次重塑，也经历了多次地震与火灾的考验。大佛高14.98米，用了重达437吨的青铜和130公斤的黄金铸造而成。

有洞的木柱

在大佛背后有一根木柱，有个直径50厘米的洞贯穿底座（与大佛的其中一个鼻孔直径相同）。据说，如果能从这个洞中穿过，就能大彻大悟。

南大门的雕像

东大寺的南大门处有两尊面目狰狞的仁王像。这两尊于最近重修的木质雕像原是13世纪日本著名雕刻家运庆（Unkei）的作品，跻身日本最精美的木质雕像之列。

東大寺

雑司町（Zōshi-chō）406-1

大佛殿门票¥500，东大寺博物馆联票¥800

⌚大佛殿11月至次年2月8:00~16:30，3月和10月至17:00，4月至9月7:30~17:30

☑ 独家贴士

- 鹿有时会纠缠或追逐拿着食物的人；要把零食放在它们够不到的地方。
- 奈良有两个火车站。近铁奈良站距奈良公园的入口更近（步行约5分钟即到）。持JR通票乘坐JR列车的话，从JR奈良站步行约20分钟可到奈良公园。

吃喝落脚点

茅草屋顶的茶室**水谷茶屋**[Mizuya-chaya; ☎0742-22-0627; 春日野町（Kasugano-chō）30; ⌚周四至周二 10:00~16:00]适合吃碗乌冬面或喝杯抹茶。

探索

北区

这一区域在白天是大阪的城市重心，办公楼、百货商场和购物中心林立，JR大阪站和阪急梅田站也在这里（多条火车和地铁线路在此会聚）。北区能够吸引旅行者的景点很少，但大街小巷和四通八达的地下通道无不彰显这座大都市的繁忙。

一日游行程

先去梅田周边购物：前往**大丸梅田店**（见156页）逛逛服饰与家居用品，再到**Hep Five**（见155页）看看年轻人的时装，还可以坐坐摩天轮。不要错过**阪急梅田**（见154页）里具有设计感的家居用品和美味的食物。然后到**Eki Marché**（见150页）吃个午饭歇歇脚。

午餐之后前往**御初天神**（见150页）瞻仰有缘无分的情侣阿初和德兵卫，再去**Moto Coffee**（见153页）喝杯咖啡，之后去**东洋陶瓷美术馆**（见149页）看看那里出色的馆藏。剩下的下午时间，你可以都用于去**梅田蓝天大厦**（见149页）观景或在**大阪国立国际美术馆**（见150页）欣赏20世纪的艺术。

充分接受艺术熏陶之后，前往**Beer Belly**（见152页）品尝超棒的箕面啤酒。然后回到大阪站，在**Yukari**（见151页）用御好烧结束这一天。

大阪最佳

就餐

Eki Marché（见150页）

Ganko Umeda Honten（见151页）

Yukari（见151页）

饮品和夜生活

Beer Belly（见152页）

Moto Coffee（见153页）

Frenz Frenzy（见153页）

到达和离开

火车 北区的交通枢纽是JR大阪站（Osaka）和阪急梅田站（Hankyū Umeda），多条火车和地铁线路在这里会聚。

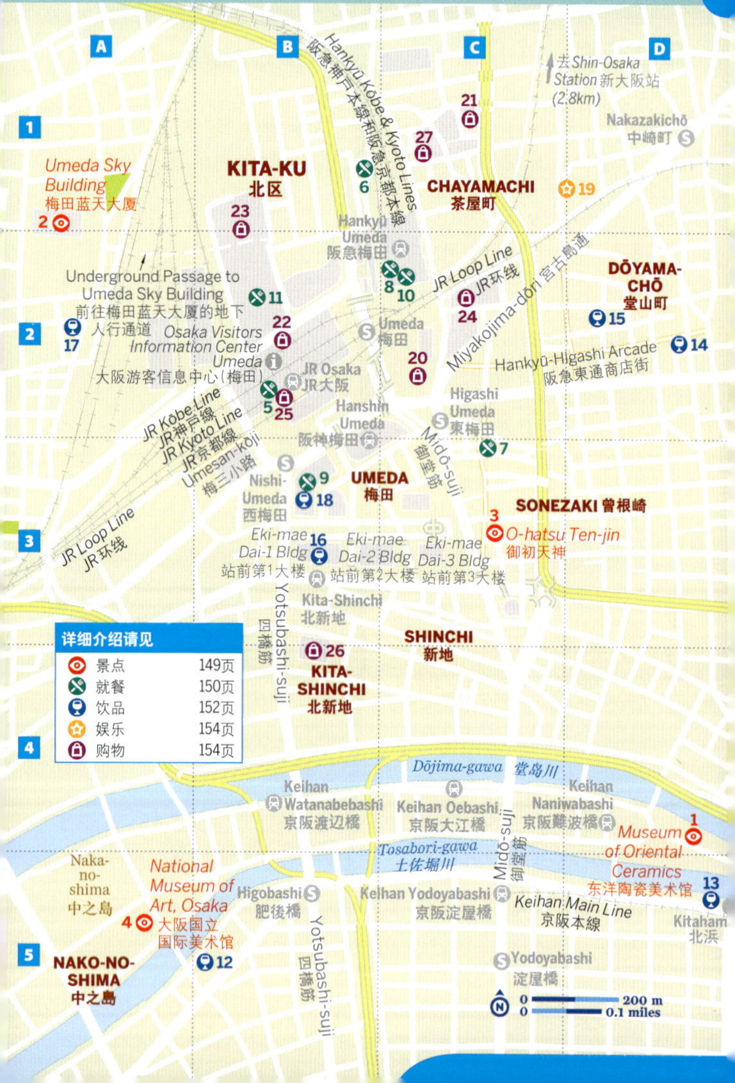
A
B
C
D
1
2
3
4
5
去Shin-Osaka Station 新大阪站 (2.8km)
Nakazakichō 中崎町
Umeda Sky Building 梅田蓝天大厦
2
KITA-KU 北区
Hankyū Kōbe & Kyoto Lines 阪急神戸本線和阪急京都本線
21
27
6
CHAYAMACHI 茶屋町
19
23
Hankyū Umeda 阪急梅田
Underground Passage to Umeda Sky Building 前往梅田蓝天大厦的地下人行通道
8
10
11
JR Loop Line JR环线
24
DŌYAMA-CHŌ 堂山町
15
14
17
22
Umeda 梅田
Osaka Visitors Information Center Umeda 大阪游客信息中心(梅田)
20
Miyakojima-dōri 宮古島通
Hankyū-Higashi Arcade 阪急東通商店街
JR Osaka JR大阪
5
25
Hanshin Umeda 阪神梅田
Higashi Umeda 東梅田
JR Kobe Line JR神戸線
JR Kyoto Line JR京都線
Umesan-kōji 梅三小路
Midō-suji 御堂筋
7
Nishi-Umeda 西梅田
9
18
UMEDA 梅田
SONEZAKI 曾根崎
3
O-hatsu Ten-jin 御初天神
JR Loop Line JR环线
Eki-mae Dai-1 Bldg 站前第1大楼
16
Eki-mae Dai-2 Bldg 站前第2大楼
Eki-mae Dai-3 Bldg 站前第3大楼
Kita-Shinchi 北新地
Yotsubashi-suji 四橋筋
26
KITA-SHINCHI 北新地
SHINCHI 新地
详细介绍请见
景点 149页
就餐 150页
饮品 152页
娱乐 154页
购物 154页
Dōjima-gawa 堂岛川
Keihan Watanabebashi 京阪渡辺橋
Keihan Oebashi 京阪大江橋
Keihan Naniwabashi 京阪難波橋
1
Museum of Oriental Ceramics 东洋陶瓷美术馆
Tosabori-gawa 土佐堀川
Midō-suji 御堂筋
Naka-no-shima 中之島
National Museum of Art, Osaka 大阪国立国际美术馆
4
Higobashi 肥後橋
Keihan Yodoyabashi 京阪淀屋橋
Keihan Main Line 京阪本線
13
Kitahama 北浜
NAKO-NO-SHIMA 中之島
12
Yotsubashi-suji 四橋筋
Yodoyabashi 淀屋橋
0 200 m
0 0.1 miles

梅田蓝天大厦

景点

东洋陶瓷美术馆

博物馆

1 见148页地图，D4

这里收藏着世界上最精美的中国和朝鲜的陶瓷制品，此外还有几个较小的日本陶瓷和中国鼻烟壶展厅。每次举办展览，展馆会从永久收藏品中拿出400多件精品进行展览，这里还常常会举办特别展览（需额外收费）。永久展品的英语说明非常详细。[大阪市立東洋陶磁美術館；www.moco.or.jp；中之島（Naka-no-shima）1-1-26；成人/学生/儿童 ¥500/300/免费；9:30~17:00，周一闭馆；S 御堂筋线（Midō-suji line）至淀屋橋（Yodoyabashi），1号出口]

梅田蓝天大厦

知名建筑

2 见148页地图，A1

大阪的地标梅田蓝天大厦（Umeda Sky Building，1993年）有40层，就像是太空时代的凯旋门。一个"空中花园"（其实是并无绿色植物的观景台）连接双塔的顶部，该观景台是在地面建好后吊上半空的。无论白天夜晚，在这里都能360度俯瞰令人激动的城市风光。不过到达这里只是乐趣的一部分——你还可以通过一个位于透明管道里的自动扶梯穿过双塔的最高五层（不适合恐高者）。这一建筑的设计师原广司（Hara Hiroshi）也设计了京都站（见46页）。[Umeda Sky Building，梅田スカイビル；www.kuchu-teien.com；北区大淀中(Ōyodonaka, Kita-ku)1-1-88;门票¥700;⏲观景台10:00~22:30,最后入场22:00;🚉JR线至大阪,北中心出口]

御初天神

神道教神社

3 👁 见148页地图,C3

被梅田众多高楼大厦湮没的古老神社御初天神(O-hatsu Ten-jin;也称"露天神社",Tsuyuten jinja)有1300年的历史,因一出日本家喻户晓的爱情悲剧(基于真实事件改编)而出名:不愿分开的妓女阿初(Ohatsu)和商店学徒德兵卫(Tokubei)于1703年在这里双双殉情,以求得来世永远在一起。如今的神社重建于1957年(原来的神社毁于"二战"),情侣们很喜欢来这里祈求以获得爱的力量和美满的爱情成果。[Ohatsu Tenjin, お初天神;☎06-6311-0895;www.tuyutenjin.com;北区曽根崎(Sonezaki)2-5-4;门票免费;⏲6:00至午夜;Ⓢ谷町线(Tanimachi line)至東梅田(Higashi-Umeda),7号出口、15号出口,🚉JR线至大阪,櫻橋(Sakurabashi)出口]

大阪国立国际美术馆

博物馆

4 👁 见148页地图,A5

这座由建筑师Cesar Pelli设计的地下建筑原是为1970年的大阪世博会而建的,如今容纳着日本的第四座国立博物馆,藏有丰富的20世纪日本艺术家的作品。建筑看起来像一艘潜水艇,外墙厚度超过3米,阳光透过天窗洒进大厅,也是很有趣的景象。入口是个大型不锈钢管雕塑,据说概念源于蝴蝶。该馆接近中之岛西端。[国立国際美術館;www.nmao.go.jp;北区中之島(Naka-no-shima)4-2-55;成人/学生/儿童¥430/170/免费,特展另收费;⏲10:00~17:00,周五和周六至20:00,周一闭馆;Ⓢ四之橋线(Yotsubashi line)至肥後橋(Higobashi),3号出口]

就餐

Eki Marché

美食广场 ¥

5 🍴 见148页地图,B2

这个汇集了大量廉价餐馆和外卖柜台的美妙就餐场所就在JR大阪站西南端。**回转寿司Ganko**和供应美味螃蟹炒饭的**Kani Chahan-no-Mise** [かにチャーハンの店;☎06-6341-3103;北区大阪车站城(Osaka Station City)Eki Maré;主菜¥680起;⏲10:00~22:30;🚭;🚉JR线至大阪,櫻橋出口]都是顶级之选。[エキマルシェ大阪;www.ekimaru.com;北区大阪车站城(Osaka Station City);⏲10:00~22:00;🚉JR线至大阪,櫻橋出口]

回转寿司Ganko

寿司 ¥¥

这家靠谱的回转寿司店深受许多饥肠辘辘的通勤者喜爱,这意味着两条传送带上总有源源不断的美味。就餐时段非常拥挤。餐馆位于JR大阪站**Eki Marché**(5🍴见148页地图,B2)美食广场内。[回転寿司がんこ, Kaiten-sushi Ganko;☎06-4799-6811;北区大阪车站城Eki Maré;寿司每碟¥130~735;⏲11:00~23:00;🚭📄;🚉JR线至大阪站,櫻橋出口]

Ganko Umeda Honten 日本料理 ¥¥

6 见148页地图，B1

大阪著名餐馆Ganko的总店，环境宽敞，提供多种套餐和寿司选择（可单点或要套餐）。食材传统、优质且价格公道。它位于阪急梅田站西侧街上。留意绑着头带的男性的标志。[がんこ梅田本店；06-6376-2001；www.gankofood.co.jp；北区芝田（Shibata）1-5-11；餐 ¥780~5000；周一至周六 11:30至次日4:00，周日至午夜；；阪急梅田]

Yukari 御好烧 ¥¥

7 见148页地图，C3

这间位于御初天神通（Ohatsutenjin-dōri）的人气餐厅供应大阪人的最爱——御好烧。厨师们会在你面前的铁板上制作美食。带图片的菜单上有丰富的选择，包括素食御好烧，经典的tokusen mikkusu yaki（特選ミックス焼き，含炒猪肉、虾和鱿鱼的御好烧；¥1080）是个不错的选择。留意门前的红、白二色招牌。[ゆかり；06-6311-0214；www.yukarichan.co.jp；北区曾根崎（Sōnezaki）2-14-13；御好烧 ¥800~1460；11:00至次日1:00；；S 谷町线（Tanimachi line）至東梅田，4号出口，JR线至大阪，南中心出口]

Robatayaki Isaribi 居酒屋 ¥¥

这家热闹而友好的居酒屋供应串烧、海鲜、现烤素菜和大块炸鸡（tori no karaage）等常见的居酒屋食物。半圆形柜台那里的座位最好：厨师可以用一把很长的铲子直接把食物递给你。紧邻Ganko Umeda Honten（6 见148页地图，B1）。[炉ばた焼き漁火；06-6373-2969；www.rikimaru-group.com/shop/isaribi.html；北区芝田（Shibata）1-5-12；菜肴 ¥325；17:00~23:15；；S 御堂筋线至梅田，2号出口，阪急梅田]

阪急三番街 美食广场 ¥

8 见148页地图，C2

这个位于阪急梅田站地下的美食长街里汇集了众多日本和国际餐厅，还有一些专卖蛋糕、面点和巧克力的店铺。（Hankyū Sanbangai；www.h-sanbangai.com；北区阪急梅田站B2楼；阪急梅田）

新喜乐 天妇罗 ¥¥

9 见148页地图，B3

位于Hilton Plaza，主打天妇罗，午餐时段食客如云。大虾天妇罗盖饭（えび塩天丼，ebishio-tendon；¥980）套餐分量十足。乘扶梯下到地下2层，右转寻找不大的英语招牌。[新喜楽，Shinkiraku；06-6345-3461；北区梅田（Umeda）1-8-16 Hilton Plaza东楼 B2；套餐 ¥980~4500；周一至周五 11:00~14:30和17:00~23:00，周六、周日和节假日 11:00~14:30和16:00~22:00；；；S 四之橋线至西梅田，6号出口，JR线至大阪，南中心出口]

里山Dining

日本料理 ¥¥

10 见148页地图，C2

自助餐包含几乎所有日式家常菜肴，想吃多少就吃多少，还能透过落地窗欣赏城市美景。在20:30后晚餐价格降至¥2160；儿童也有折扣。从阪急梅田站可直接进入阪急车站大楼。[里山ダイニング，Satoyama Dining；050-5798-6499；北区芝田（Shibata）1-1-4阪急车站大楼17楼；午餐/晚餐 最多90分钟 ¥1950/2920；11:00~23:30；阪急梅田]

当地生活

Umeda Hagakure

占用了地下两层的这家**餐馆**[梅田はがくれ；06-6341-1409；北区梅田（Umeda）1-1 大阪站前第3大楼B2层；面条 ¥600~1100；周一至周五 11:00~14:45和17:00~19:45，周六和周日 11:00~14:30；S 谷町线至東梅田，8号出口，JR线至大阪，南中心出口]已有30年历史，虽然看起来不高档，但本地食客都愿意排队等这里现场制作的美味乌冬面。冷面是特色。尝尝新颖的生酱油乌冬面（nama-jōyu，加酱油、磨碎的胡萝卜和酸橙；¥600）或天妇罗配蘸面（ten-zaru；¥1100）。有图片菜单，店主也会用手势向你说明就餐须知。

Umekita Dining

美食广场 ¥¥

11 见148页地图，B2

Grand Front Osaka商场的上层有几十家餐馆（包括日本料理、法国菜、西班牙菜和中餐）、咖啡馆、面包房和甜品店。多数都是中档价位，菜单摆在店门外，方便食客们货比三家。地下美食广场**Umekita Cellar**有价格更优惠的摊贩和外卖柜台。（www.gfo-sc.jp；Grand Front Osaka南楼7楼至9楼；价格不定；11:00~23:00；JR线至大阪，北中心出口，阪急梅田）

饮品

Beer Belly

精酿啤酒

12 见148页地图，B5

由大阪最佳微酿啤酒厂箕面啤酒（Minoh Beer）经营。有10个龙头和1个手动泵，主打品牌旗下屡获殊荣的经典款和应季啤酒（一品脱¥1000起）。还可以在这里拿一份大阪精酿啤酒地图开始当地的啤酒之旅。从地铁站出来之后往回走，绕着APA Hotel酒店后面的小道走即可到达。[www.beerbelly.jp/tosabori；西区土佐堀（Tosabori）1-1-31；周一至周五 17:00至次日2:00，周六 15:00~23:00，周日 15:00~21:00；S 四之橋站至肥後橋，3号出口]

ATTAPONG THAILAND/SHUTTERSTOCK ©

寿司

Moto Coffee

咖啡馆

13 见148页地图，D5

位于旧淀川(Kyū-Yodogawa)河畔一栋外观雪白的小型建筑中，环境优美。这家咖啡馆供应高品质咖啡(¥450起)，有河畔露台餐位(露台客满时还可以到楼上就座)。[モトコーヒー; 06-4706-3788; 2-1-1 中央区北浜(Kitahama); 正午至19:00; S 堺筋线至北滨，26号出口]

Frenz Frenzy

同性恋

14 见148页地图，D2

自称"彩虹港湾"，这个名字倒也恰如其分：酒吧里的确五颜六色(包括正门，也多亏这样，否则就找不到了)。由长期侨居此地的Sari-chan经营，服务热情，是男女同性恋旅行者的首选。不收入场费，饮品¥500起。[06-6311-1386; frenz-frenzy.website; 北区神山町(Kamiyama-chō) 18-14; 20:00至次日1:00; S 谷町线至東梅田，3号出口]

G Physique

同性恋

15 见148页地图，D2

位于堂山町的老牌同性恋酒吧，空间不大，对本地人和游客都很欢迎。不收入场费，饮品定价合理。[北区堂山町(Dōyama-chō) 8-23, 1楼; 19:00开始，打烊时间不定; S 谷町线至東梅田，3号出口]

Kissa Madura

咖啡馆

16 见148页地图，B3

已经经营了70年的老店，堪称美妙的时光胶囊，复古的未来风装饰、郁金香形椅子、镜子和铬合金都透着旧旧的风情，价格也很复古——咖啡仅售¥250。[喫茶マヅラ；北区梅田（Umeda）1-3-1 駅前第1ビル（Eki-mae Dai-1 Bldg）地下层；8:00~23:00；S 四之橋站至西梅田，7a号出口，JR线至大阪，南中心出口]

Craft Beer Base

酒吧

17 见148页地图，A2

这家酒吧兼瓶装啤酒商店位于梅田蓝天大厦脚下，专营国内外精酿啤酒。坐在柜台旁边点杯啤酒，或者沿着狭窄的台阶走上简单的白墙内室。如果在店内饮用瓶装啤酒，收取¥350至¥550的开瓶费。[クラフトビアベース；www.craftbeerbase.com；北区大淀南（Ōyodo-minami）1-2-11；精酿啤酒 ¥1000~1200；周五至周三 11:00~23:00，周四 17:00~23:00；S 御堂筋线至梅田，3号出口，JR线至大阪，北中心出口]

Windows on the World

酒吧

18 见148页地图，B3

一处无与伦比之地，提供极好的威士忌、红酒和无限风光——毕竟它位于Hilton Osaka酒店的35楼。饮品约¥2000；需收取每人¥1750（住店客人¥1200）的台位费和12%的服务费。[ウィンドーズオンザワールド；北区梅田（Umeda）1-8-8 Hilton Osaka 35楼；周一至周四和周日 17:30至次日0:30，周五和周六 至次日1:00；S 四之橋线至西梅田，6号出口，JR线至大阪，南中心出口]

娱乐

大阪能乐会馆

剧院

19 见148页地图，D1

位于阪急梅田站以东仅5分钟步程处，这家剧院每月上演几次能剧（风格化的舞蹈剧）演出。剧院正面墙上有一个持扇的能乐男演员浮雕。需要会讲日语的人帮忙提前致电订票。[大阪能楽会館，Osaka Nōgaku Kaikan；06-6373-1726；nougaku.wixsite.com/nougaku；北区中崎西（Nakasaki-nishi）2-3-17；演出 免费至¥13,000不等；S 谷町线至中崎町（Nakazakichō），4号出口，阪急梅田]

购物

阪急梅田本店

百货商店

20 见148页地图，C2

这里于1929年开业，开如今极为普遍的火车站百货商店风气之先。它也是日本规模最大、最紧跟时尚的百货商店之一，3楼有精选的日本前卫设计师的商品，7楼有精致的家居用品，地下层则供应五花八门的美食。[阪急梅田本店，Hankyū Umeda Honten；www.hankyu-dept.co.jp/honten；北区角田町（Kakuda-chō）8-7；周日至周四

10:00~20:00，周五和周六 至21:00；S 御堂筋线至梅田，6号出口，阪急梅田]

Maruzen & Junkudō Umeda 书籍

21 见148页地图，C1

这是大阪目前规模最大的书店，源于两大书籍经销商的强强联合。在6楼有大量英文书籍可供选择，3楼有旅行指南书籍。它位于安藤忠雄新设计的Chaska茶屋町（Chaska Chayamachi）大楼内。[丸善&ジュンク堂書店梅田店；www.junkudo.co.jp；北区茶屋町（Chayamachi）7-20；10:00~22:00；阪急梅田]

Lucua 百货商店

22 见148页地图，B2

这家店汇集日本和国际时尚品牌，就在JR大阪站北端。[ルクア；www.lucua.jp；北区梅田（Umeda）3-1-3；商店 10:00~21:00，餐饮 11:00~23:00；JR线至大阪，御堂筋北出口]

好日山庄 体育和户外装备

23 见148页地图，B1

如果你需要一只新的背包或任何其他种类的户外装备，那么就到这间很棒的商店来。它位于购物中心Grand Front内。[好日山荘，Kōjitsu-sansō；www.kojitusanso.jp；北区大深町（Ōfuka-chō）3-1，5楼；10:00~21:00；JR线至大阪站，北中心出口]

Hep Five 百货商店

24 见148页地图，C2

1楼至6楼是面向年轻人的时尚品牌店，再高的楼层有快餐店、咖啡馆和游戏厅；顶部还有一座红色摩天轮。[www.hepfive.jp；北区角田町（Kakuda-chō）5-15；商店 11:00~21:00，餐饮和娱乐至23:00；S 御堂筋线至梅田，6号出口，阪急梅田]

当地生活

中崎町

中崎町（Nakazaki-chō）位于梅田站东北方向1公里处，是大阪为数不多的仍保留大量“二战”前木建筑的街区之一（未遭受轰炸）。许多建筑都曾破败不堪，直到当地表演艺术家Amanto Jun动手修缮其中一栋木建筑，并将其改建为咖啡馆和创意据点**Salon de Amanto Tenjin**[サロン・ド・アマント天人；amanto.jp；北区中崎西（Nakazaki-nishi）1-7-26；正午至22:00；；S 谷町线至中崎町，4号出口]。此后，其他人也开始有样学样，如今这一区域到处都是漂亮的咖啡馆和杂货店。这里与南区的商店和咖啡馆大不相同，很值得一看。乘谷町线至中崎町站，从4号出口出站即可。

独家贴士

在大阪站购物

大阪站周边有多家商场和百货商店——这些购物场所由地下通道连接起来，使梅田一带成为一个巨大的购物综合体。你在这里会看到日本所有高人气全国连锁品牌的折扣店，如优衣库、无印良品、Tokyu Hands和**友都八喜电器城**[ヨドバシ梅田，Yodobashi Umeda；www.yodobashi-umeda.com；北区大深町（Ōfuka-chō）1-1；商店 9:30~22:00，餐馆 11:00~23:00；S 御堂筋线至梅田，4号出口，JR线至大阪，御堂筋北出口]等，此外还有数百家时装精品店。

大丸梅田店

百货商店

25 见148页地图，B2

传统关西百货商店在梅田的这家巨大分店占据了大阪站的南片。高楼层有Tokyu Hands、优衣库的分店，还有一家出售《口袋妖怪》周边产品的商店**Pokemon Centre** [ポケットモンスター；北区梅田（Umeda）3-1-1，13楼；10:00~20:00；JR线至大阪，南中心出口]。（Daimaru Umeda；06-6343-1231；www.daimaru.co.jp/umedamise；北区梅田3-1-1；10:00~20:00；JR线至大阪，南中心出口）

Junkudō

书籍

26 见148页地图，B4

这间庞大的书店有大量英文书籍（3楼）和英语旅行指南（2楼）。书店位于Dōjima Avanza（堂島アバンザ）内，从JR大阪站步行约10分钟可达。[ジュンク堂書店梅田店；www.junkudo.co.jp；北区堂島（Dōjima）1-6-20；10:00~21:00；JR东西线至北新地（Kita-Shinchi），2号出口]

NU茶屋町

百货商店

27 见148页地图，C1

这一系列时尚购物中心由铺有砖块的林荫小道连接，是周末休闲的好去处。除了男、女时装之外，这里还有乐器商店和一家大型的Tower Records店。[NU Chayamachi；nu-chayamachi.com；北区茶屋町（Chayamachi）10-12；时装店 11:00~21:00，Tower Records 至23:00，餐馆 至午夜；阪急梅田]

阪急梅田本店（见154页）

最佳步行游览
在哲思中漫游

简介

东山北部是京都最佳观光区域，其中的哲学之道（Tetsugaku-no-michi）沿线分布着众多魅力十足的佛教寺庙建筑，就像一串美丽的珍珠。与这条路平行的运河两岸樱花树成行，景色之优美在京都首屈一指——这在一座以美丽街景闻名的城市中确实很了不起。沿着哲学之道漫步游览一座又一座寺庙时，你不妨像20世纪哲学家西田几多郎（Nishida Kitarō）一样，不时停下脚步沉思一番（这也是哲学之道名字的由来），最后抵达令人赞叹的银阁寺。

起点 蹴上（Keage）站

终点 银阁寺道（Ginkaku-ji-Michi）公共汽车站

距离 约6公里；4小时

吃喝落脚点

Hinode Udon（见106页）

TOOYKRUB/SHUTTERSTOCK ©

京都，哲学之道（见100页）

❶ 金地院

从地铁东西线的蹴上站出发，向下坡方向走，走过人行天桥，再转向上坡，穿过旧铁轨下的隧道，接着你就可以沿着一条蜿蜒、狭窄的小道抵达**金地院**（见103页）。这里是南禅寺的一座分院，有出色的庭园。

❷ 南禅寺

过了金地院之后，右转走上主干道，穿过大门进入**南禅寺**（见94页）。可以多花些时间逛逛这里开阔的院落，不要错过经典的禅宗庭园虎子渡庭。参观本殿之后，不妨去喝一杯抹茶，同时欣赏瀑布。

❸ 南禅寺奥之院

继续向东上坡，你很快就会看到右手边的红砖"疏水"（Sōsui）渠，从水渠下穿过后马上左转向山坡上走，就会看到优美的高德庵。之后随着步道进入林地，你可以一路走到依瀑布而建的小小神社——清幽的**南禅寺奥之院**（见101页）。

❹ 永观堂

原路返回，从南禅寺的北端出去，沿路经过一道门，很快你就会来到**永观堂**（见100页），这座庞大的寺庙以艺术品和有趣的建筑闻名。爬上佛塔可以饱览城市美景。

❺ 哲学之道

永观堂后方的转角处有一个英语和日语的标志，指向山上的**哲学之道**（见100页）的方向。这条步行路线向北延伸，与运河平行，是京都风景最优美的地方之一，在樱花季尤其迷人。

❻ 银阁寺

漫步充满魅力的哲学之道，再循着狭窄的小道向北前往著名的**银阁寺**（见96页）。别错过美妙的砾石庭园，也一定要去山坡高高的松林间的小径走走。

最佳步行游览
东山南部精华

简介

东山南部的寺庙、神社、博物馆和工艺品店铺不计其数，景点密集到有些吓人。这条步行路线以本区域南部的清水寺为起点，一路向北，最后到达宁静美丽的青莲院。沿途经过町屋林立的街区，这些老式町屋如今都成了精品店和茶室。你还可以绕一点路，到气氛美妙的小巷和寺庙，其中有些出名，有些隐秘。最后你会穿过圆山公园，然后就能在山坡上一边品着抹茶一边欣赏下方的寺庙庭园了。

起点 五条坂（Gojō-zaka）公共汽车站

终点 东山（Higashiyama）站

距离 5公里；4小时

吃喝落脚点

Hisago（见88页）

JANOON028/SHUTTERSTOCK ©

京都，清水寺（见76页）

❶ 清水寺

从东大路通（Higashiōji-dōri）的五条坂公共汽车站出发，沿着五条坂往上坡方向走。到第一个岔路口的时候右转，继续上坡到茶碗坂（Chawan-zaka）。走到坡顶就到了**清水寺**（见76页），这座令人赞叹的寺庙位于能俯瞰京都的山坡上。

❷ Kasagi-ya

游览完清水寺之后，从清水道（Kiyomizu-michi）出来。下坡后在十字路口右转，走下石阶。这里就是三年坂，也是**Kasagi-ya**（见88页）的所在地。这家规模不大的茶室历史非常悠久，一直以来都供应着茶水和甜点。茶室在你的左手边，就在贩卖机下方。

❸ 二年坂和三年坂

慢慢探索这一区域的隐秘街巷。下到**三年坂**（见87页）的一半时，道路转向左边。沿着道路走上一小段，再下几级台阶就可以到达**二年坂**（见87页）。在二年坂尽头处先左转（贩卖机处）再右转（过了停车场之后），之后继续向北走。

❹ 高台寺

你很快就会在左手边看到石塀小路（Ishibei-kōji）——这条路也许是京都最美的街道。绕点路探索一番，再原路返回继续向北。爬上长长的一段台阶后，就到了**高台寺**（见85页）入口，在你的右手边。不妨去著名园林建筑师小堀远州设计的不同寻常的庭园中逛逛。

❺ 圆山公园

从高台寺出来后继续向北到丁字路口；右转之后再迅速左转。穿过通向大谷（Ōtani）公墓的步行街，再下坡就到了**圆山公园**（见84页）。注意寻找京都最著名的樱花树，高大的祇园枝垂樱（Gion shidare-zakura），再慢慢欣赏这里的众生相。

❻ 知恩院

公园向西直接通往八坂神社的院落，参观完神社后可以回到公园，再向北游览**知恩院**（见78页）。留意两层的山门，这是日本最大的山门。之后去看看铸于1633年、重达70吨的大钟。

❼ 青莲院

从这里很快就可以走到**青莲院**（见84页）。这是京都最优美的寺庙和庭园之一，相对其他景点游客更少一些。你可以在这儿一边品抹茶，一边欣赏庭园。从青莲院向下走到三条通，就到了东山站。

生存指南

和服

生存指南

出发前

何时去

京都

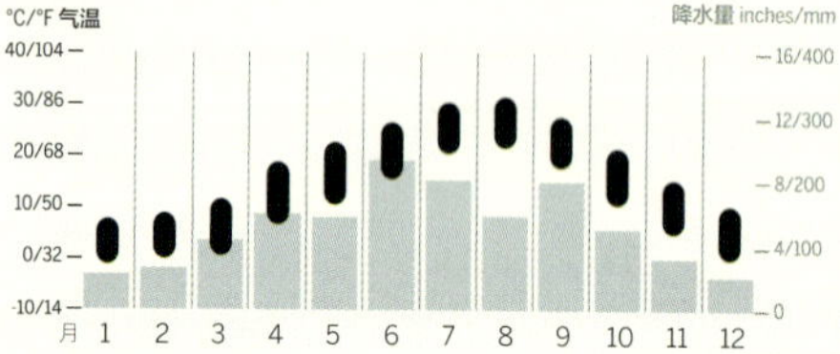

➡**夏季（6月至8月）**

恰逢雨季，天气炎热、潮湿，但有很多夏季的节日庆典。

➡**秋季（9月至11月）**

10月和11月是旅行的好时节，但京都在红叶季的（11月）物价高涨，游客众多。

➡**冬季（12月至次年2月）**

气温骤降，幸运的话可以看到雪——这意味着要在寒冷中游览京都的各处寺庙。

➡**春季（3月至5月）**

天气一般都很好，樱花季（3月下旬至4月上旬）也在此时，但住宿价格昂贵，而且很难找到空房。

预订住宿

➡京都的住宿在3月下旬至月上旬的樱花季与11月的秋叶季都会订满。黄金周（4月29日至5月5日）和盂兰盆节（8月中旬）期间也很难找到空房。

➡传统的日式旅馆里，床铺就是榻榻米上铺着的垫子，非常传统。顶级的日式旅馆供应上佳的日本料理，服务周到，房间漂亮，通常有庭园景观。

➡胶囊旅馆条件简朴，配公用卫浴设施，客人睡在很小的“胶囊”空间里。这种住宿形式很有趣，但要对噪声有所准备。

➡在大阪，如果想拥有更丰富的酒吧、餐馆、商店选择的话就住南区，如果想方便乘坐长途交通工具就住北区。

➡在京都站周边可以找到一批京都最好的经济型酒店和青年旅舍。

须知

日本以繁文缛节闻名，但也不至于像你想的那么夸张（对外国游客往往都很宽容）。

应该这样做：

- 日本人彼此问候时通常微微鞠躬，但遇到外国人则会握手。
- 日本人喜欢排队是出了名的，地铁站入口、拉面店前都会排起整齐的长队。
- 许多住宿场所和餐馆（甚至有些博物馆）的入口处都要脱鞋。到这样的场合时要迅速看一下周围是否有标志或拖鞋，以便判断是否需要脱鞋。

避免这样做：

- 拥抱和亲吻脸颊的问候方式并不得体。
- 在街上、地铁车厢里吃喝都会令人不悦；可重新封口的饮料例外。
- 不要穿着鞋踩在榻榻米上。
- 参拜神社或寺庙时并没有着装要求，但不要大声喧哗。

参考网站

Lonely Planet（www.lonelyplanet.com/japan/hotels）住宿场所推荐和预订。

Japan Youth Hostels（www.jyh.or.jp）助你在京都和大阪找到各种青年旅舍。

最佳经济型住宿

Tour Club（www.kyotojp.com）位于京都，经营良好，服务热情。

Lower East 9 Hostel（www.lowereastnine.com）京都的旅舍，有20世纪中期的家具和宽敞的“胶囊”宿舍。

K's House Kyoto（www.kshouse.jp）背包客最爱，有国际范儿。

Hostel 64 Osaka（www.hostel64.com）时尚的旅舍，有复古家具和一个咖啡馆兼酒吧。

U-en（www.hostelosaka.com）位于大阪，设在一座翻修的旧联排别墅中。

最佳舒适型住宿

Ibis Styles Kyoto Station（www.ibis.com）高性价比的商务酒店，就在京都站隔壁。

Royal Park Hotel The Kyoto（www.rph-the.co.jp）时尚的商务酒店，位置无与伦比。

Hotel Sunroute Kyoto（www.sunroute.jp）性价比令人难以置信，靠近京都市中心。

Kaneyoshi Ryokan（www.kaneyosi.jp）位于大阪道顿堀的广受欢迎的老字号旅馆。

Arietta Hotel（www.thehotel.co.jp）服务热情周到，距大阪南区仅几步之遥。

最佳高端住宿

Tawaraya（☎075-211-5566）日本顶级传统旅馆之一，位于京都市中心。

Ritz-Carlton Kyoto（www.ritzcarlton.com）真正的奢华、优越的地理位置和极佳的景观。

Hoshinoya Kyoto（kyoto.hoshinoya.com/en）位于岚山，雅致的别墅式住宿，周边环境便于亲近自然——乘私人船只抵达！

Cross Hotel Osaka（www.crosshotel.com/osaka）设计酒店，地处市区中心，位置无与伦比。

抵达京都

关西国际机场

飞往京都的多数国际航班到达关西国际机场（KIX）。

JR Haruka Airport Express 在关西国际机场和京都之间最快、最方便的交通工具（预订/无预订¥3370/2850，75分钟）。

关西国际机场利木津巴士（Limousine Bus; ☎075-682-4400; 单程 成人/儿童¥2550/1280）在京都和关西国际机场之间运行，班次频繁（¥2550，约90分钟）。京都市内的发车地点在京都站南端的对面，Avanti百货商店和Hotel Keihan前。

京都站

从东京开来的新干线停靠京都站，车程约2.5小时，非预约票价约¥13,080。另有从广岛、大阪、名古屋和横滨开来的新干线列车。

大阪国际机场（伊丹机场）

大阪国际机场常被称为伊丹机场（ITM），比关西国际机场更靠近京都，但这里只起降国内航班。

Osaka Airport Transport（☎06-6844-1124; www.okkbus.co.jp/en; 单程 ¥1310）有班次频繁的机场利木津巴士往来于伊丹机场和京都站之间（55分钟）。有些巴士可以提供京都主要酒店的接送服务，但班次不多。伊丹站在抵达大厅外——通过巴士站附近的

关西通票

对于计划仔细探索关西地区的旅行者来说，关西通票（Kansai Thru Pass）真是个福利。持该通票可以无限次乘坐京都、奈良、大阪、神户、高野山和歌山等地的私营火车和市内公共汽车及地铁，还可以在许多景点享受折扣。2日通票售价¥4000，3日通票售价¥5200。可以在关西国际机场1楼抵达大厅的旅行柜台以及京都站前主要公共汽车信息中心等处购买。更多信息可登录www.surutto.com/tickets/kansai_thru_english.html查询。

如果频繁使用JR线，则可以考虑关西地区铁路周游券（Kansai Area Pass; www.westjr.co.jp），它覆盖京都、大阪、神户、奈良、姬路等关西地区的JR本地列车和特快列车，包括关西机场特快HARUKA号。周游券分为1~4天券，价格为¥2300~6500，在JR各大站点都能买到，网上预约可优惠¥100。

京都的公共汽车/地铁通票

为节约时间和金钱，你可以购买售价¥1000的回数券（kaisū-ken; 5张车票）。“市バス·京都バス一日乗車券”（Shi-basuKyoto-basu Ichinichi Jyoshaken; ¥600）可以在一日内任意乘坐京都市营巴士和京都巴士（分属两家运营商），但是只在主要景区范围内，超出之后需要补差价。回数券可以直接从公交车司机处购买。如果你在**京都旅游信息中心**（Kyoto Tourist Information Center, 京都総合観光案内所，TIC; ☎075-343-0548; 下京区京都站大楼2楼; ⏲8:30~19:00; Ⓢ乌丸线至京都）或京都巴士信息中心（京都バス案内所，Kyoto Basu Annaisho; 京都站乌丸口）购买此券，可以拿一张非常详尽的京都巴士地图，很实用。建议你拿份日文版，对照起来更为方便。

还有“京都観光一日·二日乗車券”（KyotoKanko Ichirichi Ninichi Jyoshaken; 一日/二日 ¥1200/2000），可以在指定区域的京都市营巴士、市营地铁以及一部分京都巴士上使用，但其实利用率并不算高。

儿器买票，之后询问工作人员哪个停靠站是京都方向。在京都站的停靠站为京都站南端对面的Avanti百货商店前。

抵达大阪

关西国际机场

关西国际机场与大阪市区间有直达火车和巴士，交通非常方便。

南海特急列车（Nankai Express Rapit）车票全部需要预订，每小时2班（7:00~22:00，¥1430，40分钟）往返于南海关西机场站（Nankai Kansai Airport Station，1号航站楼）和南海难波站（Nankai Namba Station）之间；南海机场特快（Nankai Airport Express）列车相对行驶时间久一些，要多10分钟，票价¥920。从2号航站楼前往南海关西机场站的话，需要乘接驳车先到1号航站楼。

JR 遥号关西机场快车（JR Haruka Kansai-Airport Express）每小时2班（6:30~22:00）往返于关西国际机场和天王寺站（Tennōji; 无预订坐席¥1710，30分钟）与新大阪站（¥2330，50分钟）之间。班次更频繁的JR关西机场特快（JR Kansai Airport）也在关西机场、天王寺站（¥1060，50分钟）和大阪站（¥1190，68分钟）之间运行；最后一班列车23:30发车。上述各站都可以换乘地铁御堂筋线。发车地点在1号航站楼，如果从2号航站楼出发则需要乘坐免费的接驳车。

大阪国际机场（伊丹机场）

伊丹机场起降国内航班。

大阪单轨列车（Osaka Monorail）连接机场与萤池（Hotarugaike; ¥200，3分钟）和千里中央（Senri-Chūō; ¥330，

大阪通票

Enjoy Eco Card（エンジョイエコカード；平日/周末 ¥800/600，儿童 ¥300）一日无限次乘坐地铁、市内公共汽车和南港线（Nankō Port Town line），还能享受门票折扣。在地铁售票机上按“English”键，塞入现金，选择“一日通票”（one-day pass）或“周末一日通票”（one-day pass weekend）即可。

大阪周游通票（Osaka Amazing Pass，大阪周遊パス；www.osaka-info.jp/osp）外国游客可以购买一日通票（¥2300），该票覆盖前往28处景点（含大阪城和梅田蓝天大厦）的交通工具（包括地铁和火车），此外还能享受门票优惠；两日通票（¥3000）覆盖相同景点，但仅限乘坐地铁。旅游信息中心办事处和地铁站有售。

12分钟），这两个车站分别可以换乘阪急宝塚线（Hankyū Takarazaka line）和阪急千里线（Hankyū Senri line）前往大阪站。

大阪机场利木津巴士（Osaka Aiport Limousine；www.okkbus.co.jp）班次频繁，连接机场与大阪站（¥640，25分钟）、难波的Osaka City Air Terminal（OCAT；¥640，35分钟）和新大阪站（¥500，25分钟）。在伊丹机场抵达大厅外的机器上买票。

新大阪站

新大阪站是东海道-山阳（Tōkaidō-Sanyō）新干线（往返于东京和福冈的博多之间）的车站，也是前往鹿儿岛的九州新干线的东端起点。列车班次频繁。

列车发往东京（¥14,140，3小时）、广岛（¥10,230，1.5小时）、博多（¥15,000，3小时）和鹿儿岛（¥21,900，4.75小时）等目的地。

当地交通

地铁

➡京都有两条便捷的地铁线路，运营时间为5:30～23:30。最低成人票价¥210（儿童¥110）。

➡在京都北部和南部之间往来的最快捷方式是地铁乌丸线，在东部和西部往来则需要乘坐地铁东西线。持有“市営地下鉄一日券”（Shie Chikatetsu Ichinichi-ken；¥600）可以在一天内无限次乘坐这两条地铁。

➡大阪的JR环状线（大阪环线）沿JR大阪站南部的环形路线运行，多数景点都在环线内。

➡大阪有8条地铁线，对于短期游客最有用的线路是南北方向运行的御堂筋线（红线），经停新大阪、梅田（大阪站的下一站）、心斋桥、难波和天王寺等站。单程票价¥180至¥370（儿童半价）。

公共汽车

➡公共汽车通常为后门上车，前门下车。

➡市内公共汽车票价固定（成人¥230，6～12岁儿童¥120，6岁以下免费）。但如果是前往京都市中心以外的地点，上车在车门边的盒子里取一张整理券

Seiriken，即有数字的车票）。下车时，司机头上的电子屏会显示票面上的数字对应的车费，把钱和整理券放入投币箱内即可。

➡许多游客常用线路车内有英语报站。

➡多数公共汽车在7:00~21:00运营，有几条线路的运营时间更早或更晚。

➡除市内常规线路外，京都现在还有随上随下的观光巴士**K' Loop**（www.kyoto-lab.jp/kloop；成人/儿童1日通票¥2300/1000，2日通票¥3500/1000），在京都的世界遗产地景点之间运行。

自行车

➡许多客栈出租自行车给住客，京都站周边、岚山和京都市中心也有租车店。如果有一辆像样的自行车，再加上一份详尽的地图，你就可以轻松逛京都了。

Hub Chari（☎070-5436-2892；hubchari-english.jimdo.com；每小时/每天¥200/1000）出租城市自行车，在大阪全城有几处站点。这家机构由一个非政府组织经营，收入捐助大阪的无家可归者。

出租车

➡出租车是非常方便的市内交通方式，但费用高昂。

➡午夜后公共交通工具停运，此时的交通选择往往只有出租车。

➡市内多数地区都可以随时扬招出租车。多数火车/地铁站外、百货商店外也有大量的出租车停靠站（takushī noriba）。

➡根本无须理会车辆后门，因为开关都是由司机控制的。

实用信息

签证

➡中国大陆旅行者需要通过指定的旅行社代办签证，非指定的旅行社则委托这些有资质的旅行社进行日本签证办理，使领馆不受理个人送签。可以在淘宝网等旅游网站找到代办旅行社，同时需注意各省的收费和办理方式略有不同。

➡单次旅游签证有效期为15天。另外也有三年和五年的多次入境签证。单次签证最容易办理，三年有效的签证有两种，包括冲绳县及东北六县个人旅游多次签证——必须首次由冲绳县或东北六县（青森县、岩手县、宫城县、秋田县、山形县、福岛县）进入日本（并至少住宿一晚），以及不限制入境地的“全境三年多次签证”——供较有经济实力的旅行者选择。五年有效的高收入人士个人旅游多次签证不限制初次到访地点，但需要证明税前年收入大于50万元人民币。

➡针对中国教育部所属的1243所大学的本科、研究生、毕业3年以内的学生，凭在校证明或毕业证，无需经济证明也可申请，最多停留30天。

➡过去3年内曾以个人旅游签证赴日两次以上，申请三年多次签证将大为简化。签证政策随时变化，请咨询你选择提供服务的旅行社。

➡包括韩国、新加坡、澳大利亚、新西兰、加拿大、美国以及几乎所有欧洲国家在内的67个国家和地区的公民可享90天的免签。

➡中国香港、澳门和台湾旅行者赴日旅行免签。

现金

➡日本使用的货币单位是

（¥），发音是“en”，写作“円”。

自动柜员机

➡最方便的取现方式是找7-Eleven便利店（24小时营业），全日本的7-Eleven基本都能支持银联卡取现，7-Eleven（日语发音为“sebun erebun”），手续费每笔110日元。发卡行方面收取的手续费因行而异。

➡邮储银行自动取款机也是容易找寻的取款网点。一般设在邮局（郵便局/Yubinkyoku）内，部分全家便利店（Family-Mart）也设有网点。接受属于下列国际联盟的卡：维萨卡（Visa）、万事达卡（Master Card）和中国银联卡（Union pay）。不接受任何形式的信用卡取现。

➡分布较广且支持银联卡取款的还有三井住友银行、三菱东京UFJ银行、AEON银行（イオン銀行）、京都银行（部分）、瑞穗银行（Mizuho）。

信用卡

➡要注意的是，信用卡在日本的接受程度没有其他国家那样广泛，刷卡前要问清楚。唯一确定无疑可以刷卡支付的地方是百货公司、大酒店和主要的JR售票处。

➡日式旅馆和小餐馆、小商店等通常只收现金。

➡银联卡在日本的接受度正迅速提高，但持有一张信用卡（维萨卡最佳）会更保险。

电源

Type A
100V/60Hz

日本使用100V的交流电，京都和大阪的交流电频率为60Hz。

京都和大阪的大型百货商店，如友都八喜和Bic Camera等都出售电源变压器和转换插头。

旅游信息

京都旅游信息中心（Kyot Tourist Information Center. 京都総合観光案内所，TIC; 075-343-0548;下京区 京都站大楼2楼; 8:30-19:00; S 乌丸线至京都 提供公共汽车路线图和城市地图，以及大量交通信息，有会说英语的员工解答问题。

大阪旅游信息中心（Osaka Visitors Informatio Center; 06-6345-2189; www.osaka-info.jp; JR大阪站; 8:00~20:00; JR大阪，北中心出口）主要的办事处设在梅田，就在JR大阪站中心北大厅的1楼，这里提供英语信息、宣传册和地图。在南海难波站的楼和关西国际机场（KIX）也有办事处。

吸烟

日本有项奇怪的政策：许多城市（包括大阪和京都）的公共场所禁烟，但在酒吧和餐馆里允许吸烟。火车站周围设有吸烟区。烟民的数量正逐年下降。

营业时间

银行 周一至周五9:00~

省钱诀窍

便宜住宿 有些商务酒店、客栈和经济型日式旅馆中的私人房间每人仅需¥4000，不妨多看几家。在客栈或旅舍拼房的话，还可能找到¥2000的床位。

日间的精致餐饮 京都许多顶级餐厅在午餐时段供应晚餐菜式的精简版本。晚餐每人¥20,000的怀石料理餐厅供应的午餐套餐价格可能低至¥2500。

租自行车 京都市内大部分地区地势平坦，机动车司机普遍安全意识强，也很有礼貌，所以非常适合骑自行车探索。租车费用每天¥500起。

廉价便当 干脆不去餐馆吃饭，就到当地超市或百货商店的地下美食广场购买便宜又管饱的便当。

5:00。

酒吧 19:00至深夜，每周有一天不营业。

企业 周一至周五9:00至17:00或18:00。

百货商店 10:00~20:00或21:00。

邮局 分局周一至周五:00~17:00，总局周一至周五9:00~19:00，周六:00~15:00。

餐馆 11:00~14:00和18:00~23:00，每周有一天不营业（通常为周一或周二）。

商店 9:00~17:00，周日可能不营业。

紧急情况

多数应急接线员不会说英语，但他们会为你转接会说英语的工作人员。

救护车和火警（☎119）

报警（☎110）

旅行安全

➡大阪在日本的形象不佳，这里的人均案发率高居全国之首。不过与其他同等规模的城市相比，大阪还算是安全得多，只是仍然要具备一些基本的安全意识。抢包事件屡有发生。

➡在京都，从商店或酒店出来走到人行道时要看看两边，几乎总会有人骑着车飞驰而过。

残障旅行者

➡大型火车站和地铁站有升降电梯，但并不好找，因为这些车站实在太大，而且令人难以辨明方位。

➡车站工作人员乐于助人也有礼貌，不过大多不会说英语。

➡多数主要景点有升降电梯或坡道，设施内往往会提供轮椅。

➡大型酒店会有一两间无障碍客房（提前预订是明智之举）。

➡步行商业街（商店街，shōtengai）、百货商店和商场的美食广场基本都有无障碍设施。

➡Japan Accessible（www.japan-accessible.com/index.htm）对于制订出行计划很有帮助。

语言

日语的发音很容易掌握，大部分发音都可以在英语中找到对应。值得注意的是，长元音和短元音的区分非常严格，因为音长的区别会导致语义产生差异。发音长元音（ā, ē, ī, ō, ū）的音长应是短元音的两倍。日语中的每个音节发音都很平均。只要按照我们用拉丁字母标注的发音指南来读，日本人应该就能听懂。

lonelyplanet.com有常用语手册，可以给旅途带来更多方便。

基本用语

你好。

こんにちは。　kon·ni·chi·wa

再见。

さようなら。　sa·yō·na·ra

是的。

はい。　hai

不。

いいえ。　ī·e

请。

ください。　ku·da·sai

谢谢你。

ありがとう。　a·ri·ga·tō

抱歉。（提请注意时使用）

すみません。　su·mi·ma·sen

对不起。

ごめんなさい。　go·men·na·sai

你好吗？

お元気ですか？　o·gen·ki·des ka

很好。你呢？

はい、元気です。　hai,gen·ki des

あなたは？　a·na·ta wa

你会说英语吗？

英語が　ē·go ga

話せますか？　ha·na·se·mas ka

我不明白。

わかりません。　wa·ka·ri·ma·sen

餐饮

我想要订一张（两个人的）桌子。

（2人）の　(fu·ta·ri) no

予約をお　yo·ya·ku o

願いします。　o·ne·gai shi·mas

我想看看菜单。

（メニュー）　(me·nyū)

をお願いします。　o o·ne·gai shi·mas

我不吃（红肉）。

（赤身の肉）　(a·ka·mi no ni·ku)

は食べません。　wa ta·be·ma·sen

太美味了！

おいしかった。　oy·shi·kat·ta

请结账。

お勘定　o·kan·jō

をください。　o ku·da·sai

干杯！	乾杯！	kam·pai
啤酒	ビール	bī·ru
咖啡	コーヒー	kō·hī

购物

我想要买……

…をください。　... o ku·da·sai

我只是看看。

見ているだけです。　mi·te i·ru da·ke des

多少钱?
いくらですか? i·ku·ra des ka
太贵了。
高すぎます。 ta·ka·su·gi·mas
能给我打折吗?
ディスカウント dis·kown·to
できますか? de·ki·mas ka

紧急情况

救命!
たすけて! tas·ke·te
走开!
離れろ! ha·na·re·ro
快报警!
警察を呼んで! kē·sa·tsu o yon·de
快叫医生!
医者を呼んで! i·sha o yon·de
我迷路了。
迷いました。 ma·yoy·mash·ta
我生病了。
私は病 wa·ta·shi wa
気です。 byō·ki des
厕所在哪里?
トイレは toy·re wa
どこですか? do·ko des ka

时间和数字

现在几点了?
何時ですか? nan·ji des ka
现在(10)点。
(10)時です。 (jū)·ji des
(10)点半。
(10)時半です。 (jū)·ji han des

上午	朝	a·sa
下午	午後	go·go
晚上	夕方	yū·ga·ta
昨天	きのう	ki·nō
今天	今日	kyō
明天	明日	a·shi·ta

1	一	i·chi
2	二	ni
3	三	san
4	四	shi/yon
5	五	go
6	六	ro·ku
7	七	shi·chi/na·na
8	八	ha·chi
9	九	ku/kyū
10	十	jū

交通及方位

……在哪里?
…はどこ ... wa do·ko
ですか? des ka
地址是什么?
住所は何 jū·sho wa nan
ですか? des ka
你能(在地图上)指给我看吗?
(地図で)教えて (chi·zu de) o·shi·e·te
くれませんか? ku·re·ma·sen ka

下一班(巴士)是什么时候?
次の(バス)は tsu·gi no (bas) wa
何時ですか? nan·ji des ka
……站停吗?
…に停まりますか? ... ni to·ma·ri·mas ka
到……的时候请告诉我。
… に着いたら ... ni tsu·i·ta·ra
教えてください。 o·shi·e·te ku·da·sai

幕后

说出你的想法

我们很重视旅行者的反馈——你的评价将鼓励我们前行，把书做得更好。我们同样热爱旅行的团队会认真阅读你的来信，无论表扬还是批评都很欢迎。虽然很难一一回复，但我们保证将你的反馈信息及时交到相关作者手中，使下一版更完美。我们也会在下一版特别鸣谢来信读者。

请把你的想法发送到**china@lonelyplanet.com.au**，谢谢！

请注意：我们可能会将你的意见编辑、复制并整合到Lonely Planet的系列产品中，例如旅行指南、网站和数字产品。如果不希望书中出现自己的意见或不希望提及你的名字，请提前告知。请访问lonelyplanet.com/privacy了解我们的隐私政策。

声明

封面图片：京都，身着和服的女性；Maurizio Rellini/4Corners ©。

4~5页图片：京都，清水寺；P Kamput/Shutterstock ©。

本书部分地图由中国地图出版社提供，其他为原书地图，审图号GS（2018）723号。

关于本书

这是Lonely Planet *Pocket Kyoto & Osaka*的第1版。本书的作者为凯特·摩根和丽贝卡·米尔纳。

本书为中文第一版，由以下人员制作完成：

项目负责 关媛媛
项目执行 丁立松
翻译统筹 肖斌斌　王玫珺
翻　　译 齐浩然
内容策划 盛洋　刘维佳
视觉设计 李小棠
协调调度 沈竹颖
责任编辑 李偲涵
地图编辑 马珊
制　　图 刘红艳
流　　程 孙经纬
终　　审 杨帆
排　　版 北京梧桐影电脑科技有限公司

感谢向阳、洪良、寇家欢、李皎、黄俏旻、谢佳静、希希、章志皓为本书提供的帮助。

索引

可参考如下子索引:

就餐 见176页
饮品 见177页
娱乐 见178页
购物 见178页

景点 000
地图页码 000

景点 000
地图页码 **000**

就餐

饮品

娱乐

购物

A

B

D

F

H

I

J

K

L

M

N

O

P

S

T

V

W

Y

Z

我们的故事

一辆破旧的老汽车，一点点钱，一份冒险的感觉——1972年，当托尼（Tony Wheeler）和莫琳（Maureen Wheeler）夫妇踏上那趟决定他们人生的旅程时，这就是全部的行头。他们穿越欧亚大陆，历时数月到达澳大利亚。旅途结束时，风尘仆仆的两人灵机一闪，在厨房的餐桌上制作完成了他们的第一本旅行指南——《便宜走亚洲》（*Across Asia on the Cheap*）。仅仅一周时间，销量就达到了1500本。Lonely Planet从此诞生。

现在，Lonely Planet在都柏林、富兰克林、伦敦、墨尔本、奥克兰、北京和德里都设有公司，有超过600名员工及作者。在中国，Lonely Planet被称为"孤独星球"。我们恪守托尼的信条："一本好的旅行指南应该做好三件事：有用、有意义和有趣。"

我们的作者

凯特·摩根（Kate Morgan）

凯特为孤独星球工作已超过10年，她很幸运，能够撰写曾经游历过的日本、印度、津巴布韦、菲律宾和普吉等目的地指南。她曾在伦敦、巴黎和大阪居住，如今则住在她最喜欢的地区——澳大利亚维多利亚州。在世界各地旅行并撰写指南之余，她喜欢待在家里做自由编辑。凯特撰写了本版指南的京都部分。

丽贝卡·米尔纳（Rebecca Milner）

丽贝卡出生于加利福尼亚，在东京住了很久（已经14年，现在还住在那儿）。她参与过孤独星球《东京》《日本》《韩国》《中国》等指南的撰写，也在《卫报》《独立报》《星期日泰晤士报旅行杂志》《日本时报》等多家报纸杂志上发表过文章。她在二十几岁的大好年华一边工作一边旅行，2010年，丽贝卡幸运地加入了孤独星球作者团队。丽贝卡撰写了本版指南的大阪部分。

京都和大阪

中文第一版

书名原文：*Pocket Kyoto & Osaka*（1st edition，Aug 2017）

本中文版由中国地图出版社出版

图书在版编目（CIP）数据

京都和大阪 / 澳大利亚 Lonely Planet 公司编；齐浩然译．-- 北京：中国地图出版社，2018.3（2019.7 重印）
（口袋指南）
书名原文：Pocket Kyoto & Osaka
ISBN 978-7-5204-0385-6

Ⅰ．①京… Ⅱ．①澳… ②齐… Ⅲ．①旅游指南－京都②旅游指南－大阪 Ⅳ．①K931.39

中国版本图书馆 CIP 数据核字（2018）第 046354 号

出版发行	中国地图出版社
社　　址	北京市白纸坊西街 3 号
邮政编码	100054
网　　址	www.sinomaps.com
印　　刷	北京华联印刷有限公司
经　　销	新华书店
成品规格	106mm×153mm
印　　张	6.25
字　　数	200 千字
版　　次	2018 年 3 月第 1 版
印　　次	2019 年 7 月北京第 3 次印刷
定　　价	56.00 元
书　　号	ISBN 978-7-5204-0385-6
审 图 号	GS（2018）723 号
图　　字	01-2017-8909

如有印装质量问题，请与我社发行部（010-83543956）联系